교과세특
탐구주제바이블
예체능계열편

CampusMentor 캠퍼스멘토 × 모야 Make Objects You Ask

저자 소개

한승배

양평전자과학고등학교 진로전담교사 재직중

- '10대를 위한 직업백과', '미리 알아보는 미래 유망직업', '학과바이블', '홀랜드 유형별 유망 직업 사전' 등 단행본 다수 집필
- '2009 2015 개정 교육과정 중학교 및 고등학교 진로와 직업' 교과서 집필, '드림온 스토리텔링' 및 '원하는 진로를 잡아라' 보드게임 개발

강서희

안양여자상업고등학교 진로선담교사 재직중

- '홀랜드 유형별 유망 직업 사전', '페이스메이커', '미디어 활용 진로 탐색 워크북' 집필
- '원하는 진로를 잡아라' 및 '드림온 스토리텔링' 보드게임 개발, 고등학교 '진로와 직업' 2015 개정 교육과정 인정도서 심의위원

근장현

대지중학교 진로전담교사 재직중

- '대한민국 미래교육 콘서트' 집필
- 경기도교육청 정책실행연구회 회장, 경기도 진로진학상담교사협의회 부회장, 네이버 지식인 학교생활 컨설턴트, 중학교 '진로와 직업' 2015 개정 교육과정 인정도서 심의위원

김강석

숭신여자고등학교 진로전담교사 재직중

- '학과바이블', '나만의 진로 가이드북', '진로 포트폴리오 하이라이트(고등학교)' 등 단행본 및 교과서 다수 집필
- 경기도 진로진학상담교사협의회 부회장, 2009·2015 개정 교육과정 및 성취기준 연구, 방송통신중 교육 콘텐츠 개발 참여

김미영

수지고등학교 화학과 교사 재직중

- '2015 개정 교육과정 화학 교과 STEAM' 자료개발 및 교사 연수 강사, '블렌디드 러닝 화학교과' 성장 중심 자료개발 참여
- 경기도 화학교육연구회 및 경기도 신과수교육연구회 연구위원, 교과 연계 민주시민교육실천 교사연구회 연구위원, 중등 1급 정교사 자격연수(화학) 멘토링

김수영

죽전고등학교 수학과 교사 재직중

- 경기도 수업비평교육연구회 및 경기도 수학교육연구회 연구위원

김준희

죽전고등학교 진로전담교사 재직중

- '경기도 진로교육생태계' 집필
- 교육부 네이버지식iN 학교생활컨설턴트, 경기도 진로교육 실천사례 연구대회 심사위원, 고등학교 '진로와 직업' 2015 개정 교육과정 인정도서 심의위원

김호범

호원중학교 수석교사 재직중

- '전통교육에 기초한 단비교육', '2030년에 삶이 살아 숨 쉬는 수학수업', '단비 수학선생님' 집필
- 전 자카르타한국국제학교 교감

노동기

상현고등학교 세육과 교사 재직중

- '체대입시 따라잡기 정시전략편', '체대입시 따라잡기 수시전략편' 집필
- 내일교육 '체대입시 칼럼' 기고

배수연

늘푸른고등학교 지리과 교사 재직중

- 전국연합출제위원, 도단위 NTTP 교과연구회 연구위원
- 경기혁신교육모니터단

신경섭

수일고등학교 진로전담교사 재직중

▮경희대학교 입학사정관 교사위원, 안산교육청 진로진학지원단
▮전국연합학력 출제위원, 고입검정고시 출제위원, 고입자기주도학습 전형위원

안병무

여강중학교 진로전담교사 재직중

▮'우리는 체인지메이커' 집필
▮고등학교 '진로와 직업' 2015 개정 교육과정 인정도서 심의위원, 경기중등진로진학상담교육 연구회 분과장, 학생 진로교육 사이버 인증 시스템 개발위원, 정부 부처 연계진로체험 사업 자문위원, APEC 국제교육협력단 파견(AIV)

위정의

충현중학교 진로전담교사 재직중

▮'교과 연계 독서토론 워크북', '두근두근 미래직업체험 워크북' 집필
▮경기도교육청 독서교육 지원단, 경기도교육청 자격연수 논술평가 출제 및 검토위원, 중등 1급 정교사 국어과 자격연수 강사, 경기도중등진로교육연구회 연구위원

유현종

성남외국어고등학교 영어과 교사 재직중

▮'심화영어' 집필, '심화영어회화' 검토
▮중·고등학생 영어듣기평가 검토위원, 경기도 전국연합학력평가 문항검토위원, 2012년 경기도교육청 인정도서심의회 심의위원, 2015 개정 교육과정 영어과 교육과정 보고서, 경기도교육청 외고·국제고 교육과정운영 지원단

이남설

수원외국어고등학교 진로전담교사 재직중

▮'진로 포트폴리오 하이라이트(고등학교)' 집필, '교과세특 및 진로기반 학생부 프로그램' 개발
▮고3 전국연합학력평가 출제 및 검토위원, 주요 대학 교사 자문위원

이남순

동백고등학교 진로전담교사 재직중

▮'기업가정신으로 플레이하자', '꿈틀꿈틀 기업가정신 워크북', '서술형평가 ROADVIEW', '고3 담임 매뉴얼' 집필
▮경기도중등진로교육연구회 연구위원, 경기도중국어교육연구회 연구위원, 전국연합학력평가 출제위원, 경기도진학지도지원단, 대교협 대표강사

최미경

서현고등학교 윤리과 교사 재직중

▮2020 전국현장교육연구대회 1등급 수상
▮단국대학교 논술고사 검토위원, 학교생활기록부 컨설팅 지원단

하희

구리여자중학교 진로전담교사 재직중

▮'학과바이블', '나만의 진로가이드북', '진로 포트폴리오 스포트라이트(중학교)', '두근두근 미래직업 체험 워크북', '똑똑 기업가정신', '블랜디드 수업에 기업가정신을 담다' 집필
▮경기도 진로교육연구회 연구위원

서문

대학입학제도 개편방안과 대입공정성 강화방안, 그리고 2023 서울대학교 입시 예고안이 발표되었습니다. 이에 따르면 교과 활동 중 과목별 세부능력 및 특기사항(교과세특)에 기록된 내용이 학생부종합전형의 평가에서 가장 중요한 영역이 될 것으로 보입니다. 따라서 수업과정 중의 활동이나, 연계된 다양한 활동은 대학에서 가장 중요하게 평가하는 요소로 자리매김할 것입니다. 바로 여기에 탐구주제 활동의 중요성이 있습니다. 교과 수업과 관련하여 자신이 더 알고 싶거나 궁금한 탐구주제에 대해 자기주도적인 연구 활동이나 발표, 보고서, 토론 활동 내용들이 과목별 세부능력 및 특기사항란에 기록되기 때문입니다.

이 책에는 그 중요성이 더욱 커지고 있는 교과세특의 필수 요소인 탐구 주제에 관한 모든 것을 담았습니다.

하지만 자신의 전공분야에 대해 호기심을 가지고 교과별, 전공별 탐구 주제를 선정하는 것은 매우 힘든 부분입니다. 어렵게 탐구 주제를 선택하였다고 할지라도 주제가 너무 쉽거나 흔하다든지 또는 고등학교 수준에서 접근하기 어려운 주제라 이를 탐구하는 과정에 너무 많은 시간과 에너지를 소비하게 되는 문제가 발생합니다.

이 책에는 학생들이 가장 어려워하는 탐구주제 선정 문제 해결을 위해 다양하고 구체적인 내용의 탐구 주제를 담았습니다. 먼저, 대학의 학과를 7개 계열(인문계열, 사회계열, 자연계열, 공학계열, 의학계열, 예체능계열, 교육계열) 등으로 나누고, 2015 개정 고등학교 교육과정의 핵심 과목인 '국어과, 사회과, 도덕과, 수학과, 과학과, 영어과' 등의 일반 선택과목과 진로선택 과목을 선정하였습니다. 그리고 제시된 모든 교과에서 성취기준을 분석하여 7개 계열과 계열별 대표학과에 적합한 탐구 주제를 제시하고 있습니다. 이 책에 제시된 다양한 교과별 탐구 주제를 참고하여, 학생들 스스로 더욱 확장되거나 심화된 주제를 찾아서 연구해 본다면 더욱 좋을 것입니다. 평소에 무심코 지나쳤던 것들에 대해 관심과 의문을 가지고 주제를 찾아보고, 탐구를 통해 질문의 답을 찾아가는 과정은 대학에서 요구하는 가장 중요한 핵심 역량이기도 합니다.

입시 정책은 항상 변화합니다. 변화에 주저하고, 혼란스러워하면 자신에게 주어진 시간을 낭비하는 것입니다. 상황을 분명하게 인식하고 정확한 내용을 파악하여 발 빠르게 대처한다면 누구나 좋은 결과를 얻을 수 있습니다. 이 책에 제시된 탐구할 주제들은 예시 자료입니다. 학생 개개인의 적성과 진로, 흥미를 고려하여 자신에게 적합한 주제를 정해서 열심히 탐구한다면 여러분에게 많은 도움이 될 것입니다. 지금 이 시간에도 자신의 진로를 찾기 위해 열심히 노력하고 있을 대한민국의 모든 고등학생들을 진심으로 응원합니다.

이 책의 활용상 유의점

1.

이 책은 2015 개정 고등학교 교육과정 보통교과군(국어/사회(도덕, 역사 포함)/영어/과학/수학)과 예체능 계열의 경우 보통교과군 외 예술체육 교과군(체육/음악/미술)의 일반 선택 및 진로 과목의 성취기준 분석을 바탕으로 약 4,000여개의 탐구 주제를 추출하였습니다.

2.

이 책은 교과별 구분 이외에 인문, 사회, 자연, 공학, 의약, 예체능, 교육 등 7개 계열과 해당 계열별 핵심 학과별로 구분하여 탐구 주제를 제시하였으므로 자신의 희망 진로에 맞는 탐구 주제를 활용할 수 있습니다.

3.

학생들은 교과의 단원, 성취기준을 학습하는데 발생하는 호기심을 기반으로 심화된 내용에 대해 탐구하고자 하는 주제를 선택하고 자신의 희망 전공에 맞게 내용을 응용 및 재구성, 심화하여 사용하는 것을 권장합니다.

4.

자신의 진로 분야에 맞는 내용만 활용하기 보다는 다른 분야의 같은 단원, 성취기준 내용의 탐구 주제 내용을 참고하여 2~3개의 주제를 통합하여 주제를 선정하는 것을 권장합니다.

5.

같은 주제라고 할지라도 접근하는 방법 및 과정에 따라, 그리고 결과물을 통해 배우고 느낀점에 따라 학교생활기록부의 교과별 세부능력특기사항에 입력되는 내용이 달라질 수 있습니다. 그러므로 탐구 결과뿐만 아니라 과정에 대한 구체적인 기록이 필요합니다.

6.

이 책에서 제시한 탐구 주제는 하나의 예시 자료이며, 해당학과의 탐구 주제를 대변하는 절대적인 주제가 아니므로 학생들은 학교& 학생의 상황 및 시대적인 이슈에 맞게 주제를 융통성 있게 변형하여 사용하는 것을 추천합니다.

이 책의 구성 🔍

🏛 교과군

상단의 타이틀을 통해 교과군의 이름을 확인할 수 있습니다.

보통 교과군(국어과·사회과·수학과·과학과·영과) 및 예술체육 교과군(음악과·미술과·체육과)으로 구성되어 있습니다.

국어과

1

국어

핵심키워드

☐ 사회적 이슈   ☐ 글쓰기   ☐ 세계대회 중계   ☐ 중립성   ☐ 애국주의적 관점   ☐ 음악 분야의 활동 인물
☐ 음악계열 진로설계   ☐ 2018 자카르타-팔렘방 아시안게임   ☐ 야구 대표팀   ☐ 운동선수 병역특례법

📖 세부 과목명과 핵심 키워드

교과군 내 세부과목과 해당 과목 탐구주제의 핵심 키워드를 미리 살펴봅니다. 그리고 체크박스를 활용하여 관련 키워드를 알고 있는지 여부를 체크해볼 수 있습니다.

영 읽기

성취기준

[10국02-02]   매체에 드러난 필자의 관점이나 표현 방법의 적절성을 평가하며 읽는다.

▶ 읽기가 독자의 머릿속에서 자신만의 독창적인 의미를 구성하는 것이 아니라 독자가 속한 구체적인 상황과 사회·문화적인 맥락 속에서 다른 구성원들과 상호 작용하며 의미를 만들어 가는 과정임을 이해하고, 글을 읽는 자세를 기르기 위해 설정하였다.

[10국02-05]   자신의 진로나 관심사와 관련된 글을 자발적으로 찾아 읽는 태도를 지닌다.

🏆 영역과 성취기준

영역은 해당 과목의 단원에 해당합니다. 각 영역별 성취기준을 정리하였으며, 성취기준을 기반으로 폭넓게 생각해볼 수 있는 탐구주제를 제시하였습니다.

탐구주제

1. 국어 — 읽기

① 사회적 이슈(난민문제, 청소년 범죄, 과잉진압, 아동학대, 사회적 거리두기 등)에 관한 글을 읽고 자신의 구체적 상황이나 사회·문화 및 역사적 배경을 고려하여 그 문제에 대한 자신의 생각을 글로 작성해 보자. 작성한 글을 참고하여 자신의 생각을 발표하는 영상을 촬영해 보자.

관련학과
만화애니메이션학과, 미디어영상학과, 사진학과

② 올림픽이나 아시안게임, 월드컵 등 세계대회 중계의 일부분을 발췌하여 읽어 보자. 그 내용 중에서 중립성을 지키지 못하고 애국주의적인 관점에서 해설한 부분을 찾고, 본인의 생각을 정리해 발표해 보자.

관련학과
경호학과, 공연예술학과, 무용학과, 체육학과, 사회체육학과, 스포츠경영학과, 스포츠건강관리학과, 스포츠과학과, 한국무용전공, 현대무용전공, 발레전공, 태권도학과

탐구주제

1. 국어 ― 읽기

③ 음악 분야(작곡가, 뮤지컬가수, 음악감독, 지휘자, 무대행사 음악기획자, 피아니스트 등)에서 활동하는 인물의 인터뷰를 읽어보거나 영상을 시청해 보자. 그리고 관련 분야의 진로를 준비하려면 필요한 것이 무엇인지 조사하여 토론해 보자.

관련학과
국악과, 기악과, 만화애니메이션학과, 미디어영상학과, 성악과, 실용음악과, 음악학과, 작곡과

💡 탐구주제와 관련학과

교과세특 탐구주제와 함께 관련학과를 제시함으로써, 학생들이 자신의 희망 전공과 관련한 탐구주제인지 확인할 수 있도록 돕습니다.

 영역 ## 쓰기

성취기준

[10국03-01] 쓰기는 의미를 구성하여 소통하는 사회적 상호 작용임을 이해하고 글을 쓴다.

▶ 쓰기가 의미를 구성하는 과정이라는 점과 구성한 의미를 독자와 소통하는 사회적 상호 작용이라는 점을 이해하고 글을 쓰는 자세를 기르기 위해 설정하였다. 필자는 쓰기 맥락을 고려하는 가운데 자신이 가지고 있는 배경지식과 다양한 자료에서 얻은 내용을 과정에 따라 종합하고 조직하고 표현하면서 의미를 구성한다.

탐구주제

1. 국어 ― 쓰기

① 지난 2018 자카르타-팔렘방 아시안게임 야구 국가대표팀의 선발과정이 논란에 휩싸였었다. 관련 기사를 찾아서 읽어 본 후 우리나라 운동선수와 관련된 병역특례법을 이해하고 문제점과 해결 방안에 대한 본인의 생각을 정리하여 발표해 보자.

관련학과
경호학과, 체육학과, 사회체육학과, 생활체육학과, 스포츠경영학과, 스포츠건강관리학과, 스포츠과학과, 태권도학과

활용 자료의 유의점

ⓘ 본인의 생각을 표현할 수 있는 일러스트레이션이나 영상를 제작
ⓘ 본인이 관심 있는 인물의 인터뷰나 영상을 수업 전에 조사해오는 것을 권장
ⓘ 평소에 관심을 가지고 있거나 체육수업시간에 했던 스포츠 종목을 바탕으로 소재 탐색

✎ 활용 자료의 유의점

해당 과목의 탐구주제 활용 시에 참고해야 할 점을 제시하였습니다.

✏ MEMO

탐구주제와 관련된 내용을 메모란에 자유롭게 적어보세요.

교과세특
탐구주제바이블
예체능계열편

국어과 교과과정

국어과
1

국어

핵심키워드

☐ 사회적 이슈   ☐ 글쓰기   ☐ 세계대회 중계   ☐ 중립성   ☐ 애국주의적 관점   ☐ 음악 분야의 활동 인물
☐ 음악계열 진로설계   ☐ 2018 자카르타-팔렘방 아시안게임   ☐ 야구 대표팀   ☐ 운동선수 병역특례법

영역 **읽기**

성취기준

[10국02-02]   매체에 드러난 필자의 관점이나 표현 방법의 적절성을 평가하며 읽는다.

▶ 읽기가 독자의 머릿속에서 자신만의 독창적인 의미를 구성하는 것이 아니라 독자가 속한 구체적인 상황과 사회·문화적인 맥락 속에서 다른 구성원들과 상호 작용하며 의미를 만들어 가는 과정임을 이해하고, 글을 읽는 자세를 기르기 위해 설정하였다.

[10국02-05]   자신의 진로나 관심사와 관련된 글을 자발적으로 찾아 읽는 태도를 지닌다.

탐구주제

1. 국어 — 읽기

① 사회적 이슈(난민문제, 청소년 범죄, 과잉진압, 아동학대, 사회적 거리두기 등)에 관한 글을 읽고 자신의 구체적 상황이나 사회·문화 및 역사적 배경을 고려하여 그 문제에 대한 자신의 생각을 글로 작성해 보자. 작성한 글을 참고하여 자신의 생각을 발표하는 영상을 촬영해 보자.

관련학과
만화애니메이션학과, 미디어영상학과, 사진학과

② 올림픽이나 아시안게임, 월드컵 등 세계대회 중계의 일부분을 발췌하여 읽어 보자. 그 내용 중에서 중립성을 지키지 못하고 애국주의적인 관점에서 해설한 부분을 찾고, 본인의 생각을 정리해 발표해 보자.

관련학과
경호학과, 공연예술학과, 무용학과, 체육학과, 사회체육학과, 스포츠경영학과, 스포츠건강관리학과, 스포츠과학과, 한국무용전공, 현대무용전공, 발레전공, 태권도학과

탐구주제

3 음악 분야(작곡가, 뮤지컬가수, 음악감독, 지휘자, 무대행사 음악기획자, 피아니스트 등)에서 활동하는 인물의 인터뷰를 읽어보거나 영상을 시청해 보자. 그리고 관련 분야의 진로를 준비하려면 필요한 것이 무엇인지 조사하여 토론해 보자.

관련학과

국악과, 기악과, 만화애니메이션학과, 미디어영상학과, 성악과, 실용음악과, 음악학과, 작곡과

영역 | # 쓰기

성취기준

[10국03-01] 쓰기는 의미를 구성하여 소통하는 사회적 상호 작용임을 이해하고 글을 쓴다.

▶ 쓰기가 의미를 구성하는 과정이라는 점과 구성한 의미를 독자와 소통하는 사회적 상호 작용이라는 점을 이해하고 글을 쓰는 자세를 기르기 위해 설정하였다. 필자는 쓰기 맥락을 고려하는 가운데 자신이 가지고 있는 배경지식과 다양한 자료에서 얻은 내용을 과정에 따라 종합하고 조직하고 표현하면서 의미를 구성한다.

탐구주제

1 지난 2018 자카르타-팔렘방 아시안게임 야구 국가대표팀의 선발과정이 논란에 휩싸였었다. 관련 기사를 찾아서 읽어 본 후 우리나라 운동선수와 관련된 병역특례법을 이해하고 문제점과 해결 방안에 대한 본인의 생각을 정리하여 발표해 보자.

관련학과

경호학과, 체육학과, 사회체육학과, 생활체육학과, 스포츠경영학과, 스포츠건강관리학과, 스포츠과학과, 태권도학과

활용 자료의 유의점

ⓘ 본인의 생각을 표현할 수 있는 일러스트레이션이나 영상을 제작

ⓘ 본인이 관심 있는 인물의 인터뷰나 영상을 수업 전에 조사해오는 것을 권장

ⓘ 평소에 관심을 가지고 있거나 체육수업시간에 했던 스포츠 종목을 바탕으로 소재 탐색

💬 MEMO

국어과

2

화법과 작문

핵심키워드

☐ 의사소통 ☐ 농구 감독 ☐ 인터뷰 영상 ☐ 비판적 시청 ☐ 국악 발전
☐ 국악과 현대음악의 결합 ☐ 엘리트 체육 육성책 ☐ 병역특례 ☐ BTS

영역 | **화법과 작문의 본질**

성취기준

[12화작01-02] 화법과 작문 활동이 자아 성장과 공동체 발전에 기여함을 이해한다.

▶ 의사소통과 자아 인식의 관계, 사회적 상호 작용으로서 화법과 작문의 역할을 이해하고 의사소통에 반영하는 것에 중점을 두었다. 개인 내적 차원의 의사소통은 개인이 가진 자아를 인식하고 관리하며, 남들이 자신을 바라보는 것을 인식하고 조정하는 과정이다.

탐구주제

2.화법과 작문 — 화법과 작문의 본질

① 국어 교과의 '의사소통역량'을 기르는 단원은 자아를 인식하고 친구들과 원만한 의사소통을 하는 방법을 제시하고 있다. 이를 활용하여 미술 작품이나 영상 매체를 감상하고, 이에 대해 토론해 보자.

관련학과
도예학과, 동양화과, 미디어영상학과, 사진학과, 산업디자인학과, 서양화과, 시각디자인학과, 실내디자인학과, 조소과, 조형예술학과, 패션디자인학과, 한국화전공, 회화과

성취기준

[12화작02-02] 갈등 상황에서 자신의 생각, 감정이나 바라는 바를 진솔하게 표현한다.

▶ 대화에서 갈등이 발생할 때 갈등을 증폭시키지 않고 처리할 수 있는 대화 방법을 배움으로써 대화 상황에서 갈등을 관리하고 상대방과의 관계를 유지하는 능력을 기르기 위해 설정하였다. 이러한 대화 방법의 예로 '나-전달법'을 들 수 있다. 이는 다른 사람을 평가하고 해석하는 대신 자신이 느끼는 감정과 경험을 표현하는 방법으로 '사건, 감정, 기대'로 메시지를 구성해 전달한다.

[12화작02-03] 상대측 입론과 반론의 논리적 타당성에 대해 반대 신문하며 토론한다.

▶ 반대 신문 단계를 운영하며 토론의 수준을 심화하는 데에 초점을 맞추어 설정하였다. 반대 신문 단계는 입론 및 반론 단계에서 상대측이 발언한 내용에 대해 논리적 허점이 드러나도록 묻고 상대측의 답변을 듣는 토론의 절차로, 질문을 통해 토론의 흐름을 주도할 수 있는 중요한 과정이다.

탐구주제

2.화법과 작문 — 화법의 원리

① 다음은 농구 감독이 경기 후에 한 인터뷰 영상(https://www.youtube.com/watch?v=dv7KqM-x2Z4)이다. 두 감독의 인터뷰 방법의 차이에 대해 토의해 보고 본인이 감독이라면 어떻게 인터뷰하는 것이 청중과의 갈등상황을 만들지 않으면서도 설득에 성공할 수 있을 지에 대해 토의해 보자.

관련학과
경호학과, 공연예술학과, 무용학과, 뮤지컬학과, 체육학과, 사회체육학과, 생활체육학과, 스포츠경영학과, 스포츠건강관리학과, 스포츠과학과, 연극영화학과, 한국무용전공, 현대무용전공, 발레전공, 태권도학과

② 최근에 우리나라의 전통음악인 국악을 발전시키기 위해서 다양한 노력을 하고 있다. 국악을 현대음악과 결합시키려는 예를 찾아보고, 이에 대해 찬성과 반대의 입장으로 나누어 토론해 보자.

관련학과
국악과, 기악과, 성악과, 실용음악과, 음악학과, 작곡과

💬 MEMO

작문의 원리

성취기준

[12화작03-05] 시사적인 현안이나 쟁점에 대해 자신의 관점을 수립하여 비평하는 글을 쓴다.

▶ 시사 현안이나 쟁점을 여러 관점에서 살펴본 후 자신의 관점을 수립히여 비평문을 쓰도록 함으로써 경험과 사고를 확장하고 논리적, 비판적 사고력을 신장하기 위해 설정하였다. 시사 현안이나 쟁점을 다양한 관점에서 충분히 분석한 후 자신의 관점을 정하고, 그 관점에 따라 의견이나 주장, 견해가 명료하게 드러나도록 글을 쓰게 한다. 그 과정에서 자신이 선택하지 않은 관점의 단점이나 약점, 문제점을 근거를 들어 비판할 수 있다.

탐구주제

2.화법과 작문 — 작문의 원리

① 지난 40여 년간 우리나라는 엘리트 체육 육성책의 일환으로 국가와 사회에 공헌한 체육인과 예술인들에게 병역특례 혜택을 제공해왔다. 최근 국위를 선양하고 있는 BTS에게도 병역특례 혜택을 주어야 한다는 의견이 나오고 있다. 운동선수의 병역특례에 대한 자신의 입장을 정리하여 국민을 설득할 수 있는 비평문을 만들어 보자.

관련학과

경호학과, 공연예술학과, 무용학과, 뮤지컬학과, 체육학과, 사회체육학과, 생활체육학과, 스포츠경영학과, 스포츠건강관리학과, 스포츠과학과, 연극영화학과, 한국무용전공, 현대무용전공, 발레전공, 태권도학과

활용 자료의 유의점

- ! 다양한 매체를 통해 어떻게 의사소통이 가능할지 토론
- ! 다양한 음악을 결합해서 발전시키는 것에 대한 근거를 제시하고 토론
- ! 찬반이 나오는 스포츠 관련 소재에 관심을 가지고 본인의 입장을 정리

💬 MEMO

국어과

3

독서

핵심키워드

☐ 체육 분야 도서 ☐ 스포츠 ☐ 스포츠의 사회 문화적 가치 ☐ 예술가 ☐ 예술가의 세계관
☐ 스포츠 선수의 자서전 ☐ 진로탐색 ☐ 독서 계획

영역 **독서의 방법**

성취기준

[12독서02-04] 글에서 공감하거나 감동적인 부분을 찾고 이를 바탕으로 글이 주는 즐거움과 깨달음을 수용하며 감상적으로 읽는다.

▶ 글이 주는 즐거움과 깨달음을 수용하고 내면화하는 감상적 독해 능력을 기르기 위해 설정하였다. 좋은 글을 읽으면 때로 기쁨과 즐거움을 느끼기도 하고 때로 말 못할 슬픔에 잠기기도 하며, 삶의 교훈이나 깨달음을 얻게 되기도 한다. 이렇듯 글을 읽고 다양한 감동과 교훈을 얻는 것은 감정이 정화되는 과정이자, 삶을 성숙하게 하는 특별한 경험임을 이해하도록 지도한다.

탐구주제

3.독서 — 독서의 방법

① 체육 분야의 책을 찾아서 읽고 기억에 남거나 감동적인 문구를 찾아 스포츠의 긍정적인 사회 문화적 가치를 적용시켜 보자. 그리고 그 내용을 공유할 수 있도록 4컷 만화나 표어로 만들어 게시하고 발표해 보자.

관련학과

경호학과, 공연예술학과, 무용학과, 뮤지컬학과, 체육학과, 사회체육학과, 생활체육학과, 스포츠경영학과, 스포츠건강관리학과, 스포츠과학과, 연극영화학과, 한국무용전공, 현대무용전공, 발레전공, 태권도학과

독서의 분야

성취기준

[12독서03-01] 인문·예술 분야의 글을 읽으며 제재에 담긴 인문학적 세계관, 예술과 삶의 문제를 대하는 인간의 태도, 인간에 대한 성찰 등을 비판적으로 이해한다.

탐구주제

① 도서나 잡지 등에서 예술가(음악, 무용, 미술, 사진, 조각 등)와 관련된 글을 찾아 읽어보자. 글에 나타난 내용을 바탕으로 예술가의 가치관을 찾고, 그의 세계관에 대해 토론해 보자.

관련학과

국악과, 기악과, 도예학과, 동양화과, 만화애니메이션학과, 미디어영상학과, 사진학과, 산업디자인학과, 서양화과, 성악과, 시각디자인학과, 실내디자인학과, 실용음악과, 음악학과, 작곡과, 조소과, 조형예술학과, 패션디자인학과, 한국화전공, 회화과

② 예체능 관련 인물의 에세이나 자서전(박찬호의 「메이저리그 124승의 신화」, 차범근의 「그라운드 산책」, 「슈팅 메시지」, 박지성의 「마이 스토리」, 강수진의 「한 걸음 걸어도 나답게」 등) 을 읽고 인물이 스포츠를 대하는 자세, 삶을 성찰하는 태도 등을 찾아보고 각자의 생각을 정리하여 발표해 보자.

관련학과

경호학과, 공연예술학과, 무용학과, 뮤지컬학과, 체육학과, 사회체육학과, 생활체육학과, 스포츠경영학과, 스포츠건강관리학과, 스포츠과학과, 연극영화학과, 한국무용전공, 현대무용전공, 발레전공, 태권도학과

독서의 태도

성취기준

[12독서04-01] 장기적인 독서 계획을 세워 자발적으로 독서를 실천함으로써 건전한 독서 문화를 형성한다.

▶ 지속적 독서 활동을 통해 바람직한 독서 습관을 기르고 평생 독자로서의 소양을 갖추도록 하기 위해 설정하였다. 장기적인 독서 계획은 일 년 혹은 평생 동안 읽고 싶은 책의 목록을 작성하는 것으로, 한 편의 글이나 한 권의 책에 대한 독서로 그치지 않고 꾸준한 독서 실천의 의지와 노력을 다지기 위한 것이다.

탐구주제

① 본인의 진로를 탐색하기 위해서 장기적인 독서 계획을 세워보자. 본인이 희망하는 진로와 관련된 진로 기초, 진로 심화, 세부 전공 등의 도서를 찾아보고 독서 계획서를 작성해 보자.

관련학과
전 예체능계열

활용 자료의 유의점

- (!) 다양한 글을 통해서 예술가의 세계관과 생각을 이해하고 토론에 참여
- (!) 스포츠에 나타나는 드라마 같은 상황이나 인물들이 겪었던 경험을 나의 생활에 대비 시켜 생각하도록 노력
- (!) 진로를 탐색하기 위해서 단기적인 계획보다는 장기적인 계획을 세우고, 독서 계획서 작성

(⋯) MEMO

국어과
4
언어와 매체

☐ 해외 활약 중인 스포츠선수　　☐ 해외방송　　☐ 의사소통 매개체　　☐ 책과 오디오북
☐ 스포츠 보도 매체　　☐ 매체의 표현 방식 차이　　☐ 멀티미디어 자료 제작

영역 | 언어와 매체의 본질

성취기준

[12언매01-02]	국어의 특성과 세계 속에서의 국어의 위상을 이해한다.
[12언매01-03]	의사소통의 매개체로서 매체의 유형과 특성을 이해한다.

▶ 의사소통의 매개체로 활용되는 다양한 매체의 유형을 구분하여 이해하고, 그 유형별 특성을 바탕으로
하여 소통하는 능력을 기르기 위해 설정하였다. 오늘날 의사소통 매개체로 활용되는 책, 신문, 전화, 라
디오, 사진, 광고, 영화, 텔레비전, 컴퓨터, 인터넷, 이동 통신 기기 등 다양한 매체들의 유형을 알고, 그 유
형별 특성을 이해하도록 한다. 정보통신기술과 결합한 뉴미디어의 특성에 대해서도 이해하도록 한다.

탐구주제
4.언어와 매체 ― 언어와 매체의 본질

① 요즘은 해외에서 활약하고 있는 우리나라 스포츠선수들의 활약상을 매체를 통해 심심치 않게 접할 수 있다. 이 중에
서 우리나라 중계방송이 아닌 해외방송이나 선수가 활약하고 있는 팀에서 한글을 소개하고 알리는 사례가 있는지 찾
아보고, 그러한 활동이 현지 외국인들에게 어떤 영향을 끼칠 것인지에 대해 토의해 보자.

관련학과
경호학과, 공연예술학과, 무용학과, 뮤지컬학과, 체육학과, 사회체육학과, 생활체육학과, 스포츠경영학과, 스포츠건강관리학과, 스포츠과학과, 연극영화학과,
한국무용전공, 현대무용전공, 발레전공, 태권도학과

---

② 독서시간이 부족한 바쁜 현대인들에게 오디오북의 인기가 높아지고 있다. 의사소통 매개체로 활용되는 책과 오디오
북을 서로 비교하고, 장단점을 글로 작성해 보자.

관련학과
국악과, 기악과, 만화애니메이션학과, 미디어영상학과, 성악과, 실용음악과, 음악학과, 작곡과

매체 언어의 탐구와 활용

성취기준

[12언매03-01]   매체의 특성에 따라 정보가 구성되고 유통되는 방식을 알고 이를 의사소통에 활용한다.

▶ 기술 발달에 따른 새로운 매체의 등장으로 인해 정보가 구성되고 유통되는 방식에 생긴 변화를 이해하고, 이를 바탕으로 하여 정보를 의사소통에 적절히 활용하는 능력을 기르기 위해 설정하였다. 현대 사회에서는 책, 신문, 잡지, 라디오, 텔레비전, 인터넷, 이동 통신 기기 등 다양한 매체를 통해 정보를 수용할 수 있다.

[12언매03-03]   목적, 수용자, 매체의 특성을 고려하여 다양한 매체 자료를 생산한다.

▶ 수용자에 대한 생산자의 인식과 관계, 소통의 목적, 매체의 특성 등 소통의 맥락을 전체적으로 고려하여 매체 자료를 생산하는 능력을 기르기 위해 설정하였다. 매체 자료를 생산할 때에는 정보 전달과 설득, 심미적 정서 표현, 사회적 상호 작용 등 소통하려는 목적을 고려하여 적절한 방법을 사용해야 한다. 또한 수용자의 연령과 성은 어떠한가, 수용자는 다수인가 소수인가, 전달하려는 내용에 대한 배경지식은 어느 정도인가, 그들의 관심사는 무엇인가 등도 고려해야 한다.

탐구주제

4.언어와 매체 — 매체 언어의 탐구와 활용

① 같은 스포츠 종목이라고 하더라도 매체의 특성에 따라 표현하는 방법은 다양하다. 하나의 스포츠 종목을 정해 같은 내용을 다룬 기사나 영상을 정하고 각 매체(공영방송, 케이블방송, 유튜브, 아프리카TV 등)에서 표현하는 방법의 차이를 분석하여 발표해 보자.

관련학과

경호학과, 공연예술학과, 무용학과, 뮤지컬학과, 체육학과, 사회체육학과, 생활체육학과, 스포츠경영학과, 스포츠건강관리학과, 스포츠과학과, 연극영화학과, 한국무용전공, 현대무용전공, 발레전공, 태권도학과

② 자신의 진로를 소개하는 내용을 사진이나 영상 등 멀티미디어 자료를 이용하여 제작해 보자. 이 과정에서 글로 작성할 때와 멀티미디어 자료로 제작할 때의 차이점을 언어적 측면을 중심으로 토론해 보자.

관련학과

도예학과, 동양화과, 만화애니메이션학과, 미디어영상학과, 사진학과, 산업디자인학과, 서양화과, 시각디자인학과, 실내디자인학과, 조소과, 조형예술학과, 패션디자인학과, 한국화전공, 회화과

활용 자료의 유의점

ⓘ 매체의 특성에 따른 표현의 방법을 알아보고, 그에 부합한 스포츠 종목 선정

ⓘ 책과 오디오북의 장단점을 비교할 때 의사소통 매체로서의 측면에서 글 작성

ⓘ 사진, 영상 등 멀티미디어 자료의 장점을 활용하여 본인의 진로를 소개할 자료 제작

5

문학

핵심키워드

☐ 예술 작품의 영향력 ☐ 예술과 문학 작품 ☐ 교과서 내 예술 작품 ☐ 문학 작품의 예술 소재
☐ 문학 작품의 시대상 ☐ 문학의 발전

영역 | **문학의 수용과 생산**

성취기준

[12문학02-03] 문학과 인접 분야의 관계를 바탕으로 작품을 이해하고 감상하며 평가한다.

▶ 문학이 다양한 인접 분야와 밀접한 관련을 맺고 있음을 이해함으로써 문학의 외연에 대한 이해를 넓히고 입체적인 태도로 문학의 수용과 생산 활동에 참여하는 태도를 기르기 위해 설정하였다. 문학은 언어 예술이라는 점에서 음악, 미술, 연극, 영화, 무용 등 다양한 예술 분야와 밀접한 관계가 있다. 또한 인간의 삶을 탐구하는 언어 활동이라는 점에서 역사와 철학 등 인문 분야와 관련을 맺고 있으며, 인간을 둘러싼 시대적·사회적 상황을 반영한다는 점에서 사회, 문화 현상 등과도 깊은 관련을 맺고 있다.

[12문학02-06] 다양한 매체로 구현된 작품의 창의적 표현 방법과 심미적 가치를 문학적 관점에서 수용하고 소통한다.

▶ 다매체 시대의 특성을 반영하여 전달 매체의 특성을 고려한 작품 감상의 능력과 태도를 기르기 위해 설정하였다. 오늘날 문학 작품의 소통은 신문, 잡지, 단행본 등 기존의 매체 외에 라디오, 텔레비전, 영화, 애니메이션, 인터넷, 휴대 전화 등 다양한 매체를 통해서 이루어진다. 동일한 작품이라도 이를 전달하는 매체의 성격에 따라 작품의 미적인 특성이나 감상 내용이 달라지기도 한다.

탐구주제
5.문학 ─ 문학의 수용과 생산

① 「해리포터」는 조앤 K.롤링의 판타지 소설로 선풍적인 인기를 끌었고, 이를 개봉한 영화도 세계적인 흥행에 성공했다. 이처럼 문학 텍스트를 각색하여 음악, 미술, 연극, 영화, 무용 등의 다른 예술 작품으로 만든 것을 조사하고, 이것이 원작인 문학 작품에 끼치는 영향을 토론해 보자.

관련학과
국악과, 공연예술학과, 기악과, 도예학과, 동양화과, 만화애니메이션학과, 무용학과, 뮤지컬학과, 미디어영상학과, 사진학과, 산업디자인학과, 서양화과, 성악과, 시각디자인학과, 실내디자인학과, 실용음악과, 연극영화학과, 음악학과, 작곡과, 조소과, 조형예술학과, 패션디자인학과, 한국화전공, 한국무용전공, 회화과

탐구주제

② 국어 교과서에 실린 문학 중 자신이 가장 감동 있게 읽었던 작품 하나를 선정하여 사진, 동영상, 미술 작품 등으로 표현해 보자. 그 결과를 모둠원들과 나누고, 상호평가하여 장단점을 글로 작성해 보자.

관련학과

도예학과, 동양화과, 만화애니메이션학과, 미디어영상학과, 사진학과, 산업디자인학과, 서양화과, 시각디자인학과, 실내디자인학과, 조소과, 조형예술학과, 패션디자인학과, 한국화전공, 회화과

영역 # 한국 문학의 성격과 역사

성취기준

[12문학03-06] 지역 문학과 한민족 문학, 전통적 문학과 현대적 문학 등 다양한 양태를 중심으로 한국 문학의 발전상을 탐구한다.

▶ 한국 문학의 내적 다양성과 외적 전개 양상을 살펴봄으로써 한국 문학에 대한 입체적이고 포괄적인 이해를 돕고 한국 문학의 발전상을 모색하는 태도를 기르기 위해 설정하였다. 공간적으로는 국가 단위의 한국 문학에만 국한하지 않고 지역 문학의 총체로서 한국 문학을 이해하는 한편, 분단 이후의 북한 문학과 재외 국민이 한국어로 생산한 문학을 한민족 문학의 범주에 포함하여 살펴봄으로써 통일 후 민족 문학의 발전상을 모색해 보도록 안내한다.

탐구주제

① 1920년대부터 현재까지의 문학 중에서 예술이나 스포츠 분야를 소재로 사용한 작품을 찾아 보자. 조사한 내용을 시대별로 정리하고, 당시의 문학 작품에 그 분야가 드러난 이유와 의의에 대해 토의해 보자.

관련학과

경호학과, 공연예술학과, 무용학과, 뮤지컬학과, 체육학과, 사회체육학과, 생활체육학과, 스포츠경영학과, 스포츠건강관리학과, 스포츠과학과, 연극영화학과, 한국무용전공, 현대무용전공, 발레전공, 태권도학과

활용 자료의 유의점

ⓘ 문학 작품을 응용해서 다른 예술 분야에서 활용된 소재를 중심으로 탐구

ⓘ 교과서에 실린 작품 중 본인이 잘 활용하는 매체를 활용하여 작품 내용을 중심으로 표현

ⓘ 문학 작품 내에서 체육관련 소재를 찾고 시대적 배경과 연관 지어 보기를 권장

국어과
6
실용 국어

핵심키워드

☐ 운동선수 인터뷰 ☐ 예술인 인터뷰 ☐ 국어표현방식의 오류 ☐ 희망 전공 ☐ 스포츠 감독과 코치
☐ 체계적 정보 전달 ☐ 진로 관련 도서 ☐ 독서 습관

영역 # 직무 어휘와 어법

성취기준

[12실국01-02] 국어의 어법에 맞고 의미가 정확한 문장을 사용한다.

▶ 자신의 생각을 정확하게 전달하기 위해 문장 차원에서 고려해야 할 국어의 어법을 익히기 위해 설정하였다. 관련되는 문법 지식을 모두 다루기보다 문장을 정확하고 표현 의도에 맞게 사용하는 데에 중점을 두어 지도한다.

탐구주제
6.실용 국어 ― 직무 어휘와 어법

① 대중매체에 드러난 운동선수나 예술인들의 인터뷰를 언어적 측면을 중심으로 주의 깊게 살펴보자. 사용하는 언어나 문장의 예를 들고, 그것들이 우리말의 어법이나 표현방식에 적절한지를 조사하여 발표해 보자.

관련학과
경호학과, 공연예술학과, 무용학과, 뮤지컬학과, 체육학과, 사회체육학과, 생활체육학과, 스포츠경영학과, 스포츠건강관리학과, 스포츠과학과, 연극영화학과, 한국무용전공, 현대무용전공, 발레전공, 태권도학과

정보의 해석과 조직

[12실국02-03] 정보를 체계적으로 조직하여 대상과 상황에 적합하게 표현한다.

▶ 체계적으로 내용을 조직하고 대상과 상황을 고려하여 표현하는 능력을 기르기 위해 설정하였다. 보고서 작성, 발표 등 실제적인 언어 표현 활동을 중심으로 핵심적인 내용을 짜임새 있게 조직하는 방법에 중점을 둔다. 정보 전달과 설득의 내용 구조를 학습한 후 상황과 대상을 고려하여 논리적, 체계적으로 내용을 조직하도록 한다. 아울러 효과적인 표현 전략도 함께 익히도록 한다.

탐구주제

6.실용 국어 ― 정보의 해석과 조직

① 본인이 희망하는 전공을 준비하는데 필요한 것들이 무엇인지를 조사하고, 그에 적합한 활동 계획을 세워보자. 각 학년 별로 구체적인 계획을 세우고 파워포인트로 작성한 후 발표해 보자.

관련학과
전 예체능계열

② 운동경기 중 감독이나 코치들이 선수들에게 여러 가지 전략이나 전술을 설명하는 작전타임 장면을 목격할 수 있다. 이때 논리적이고 체계적으로 정보를 전달하는 사례와 그렇지 못한 사례들을 종목이나 나라별로 조사해 보자. 그리고 만약 자신이 감독이라면 어떻게 대화할 것인지를 작성하여 그 이유와 함께 발표해 보자.

관련학과
경호학과, 공연예술학과, 무용학과, 뮤지컬학과, 체육학과, 사회체육학과, 생활체육학과, 스포츠경영학과, 스포츠건강관리학과, 스포츠과학과, 연극영화학과, 한국무용전공, 현대무용전공, 발레전공, 태권도학과

문화와 교양

[12실국05-02] 독서와 글쓰기를 통하여 자기를 성찰하고 교양을 함양한다.

▶ 독서 습관과 성찰적 글쓰기를 통해 교양 함양 능력을 기르기 위해 설정하였다. 독서나 글쓰기에 대한 지식 습득보다는 글을 즐겨 읽으며 자신의 생각을 써 보는 활동을 통해 개인의 삶을 성찰하고 교양을 기르는 데 중점을 둔다. 다양한 읽을거리를 스스로 찾아 읽고 자신의 독서 습관을 점검하는 것은 읽기의 생활화 측면에서 매우 중요하다.

탐구주제

1 인터넷 서점에 접속해서 자신이 희망하는 진로와 관련된 책을 검색해 보자. 자신의 독서 습관을 점검하여 기록해 보고, 희망 분야와 관련하여 평생 학습할 수 있는 방법에 대해서 토론해 보자.

관련학과
전 예체능계열

활용 자료의 유의점

- ⓘ 스포츠 종목별 인터뷰 영상을 찾아서 질문자의 의도에 맞는 의사전달 여부 확인
- ⓘ 희망하는 전공에 대한 정보를 자세히 조사하고, 학년별 활동 계획을 구체적으로 작성
- ⓘ 대학 진학을 위한 독서 활동 뿐만 아니라 평생 학습할 수 있는 독서 습관 점검

💬 **MEMO**

국어과

7

심화 국어

핵심키워드

☐ 체육 관련 인터뷰 ☐ 주관적 관점 ☐ 직업 가치관 ☐ 운동선수 악플 ☐ 스포츠 기사 ☐ 인터넷 댓글 문화

영역

논리적 사고와 의사소통

성취기준

[12심국01-03] 정보를 정확하고 논리적으로 전달한다.

▶ 계획하기 단계 이후 실제 한 편의 글을 완성하거나 청중을 대상으로 발표를 하는 표현과 전달 능력을 기르기 위해 설정하였다. 정보를 전달하는 글과 말의 구체적인 표현 전략과 전달 방법을 익히도록 한다. 사실적 정보를 정확하고 논리적으로 전달하기 위해서는 주관적 관점으로 정보를 과장·축소·왜곡하지 않아야 한다.

탐구주제

7.심화 국어 — 논리적 사고와 의사소통

① 체육 관련 인터뷰 글이나 해설자의 말에서 정보의 왜곡이나 주관적 관점이 드러난 예를 찾아 기록해 보자. 그리고 경기의 한 장면을 시청하면서 규칙이나 용어 등을 확인하여 모둠별로 기사를 작성하여 발표해 보자.

관련학과

경호학과, 공연예술학과, 무용학과, 뮤지컬학과, 체육학과, 사회체육학과, 생활체육학과, 스포츠경영학과, 스포츠건강관리학과, 스포츠과학과, 연극영화학과, 한국무용전공, 현대무용전공, 발레전공, 태권도학과

영역 창의적 사고와 문화 활동

성취기준

[12심국03-02]   자신의 생각과 느낌을 창의적이고 아름답게 표현한다.

▶ 타인의 생각을 이해하고 수용하는 활동과 그 결과를 자신의 관점에서 판단하는 활동, 그리고 이를 재구성하거나 창작하는 활동을 통해 창의적인 사고를 배양하기 위해 설정하였다. 자신의 생각을 창의적이고 아름답게 표현하는 과정을 통해 타인의 문제의식과 세계관, 가치관을 이해하며 자신의 생각을 타인과 교류하는 효과적인 방법이 무엇인지를 생각하고 타인과 효과적으로 소통하는 가운데 창의적인 사고를 배양하도록 한다.

탐구주제

7.심화 국어 ― 창의적 사고와 문화 활동

① 직업 가치관은 직업 및 그에 수반한 여러 가지 사상에 대하여 개인이 지니고 있는 전반적인 태도를 의미한다. 본인이 희망하는 직업에 꼭 필요한 가치관이 무엇인지를 글로 작성해보고, 비슷한 분야를 희망하는 친구들과 토론해 보자.

관련학과
전 예체능계열

영역 윤리적 사고와 학문 활동

성취기준

[12심국04-01]   쓰기 윤리의 중요성을 인식하고 책임감 있는 태도로 글을 쓴다.

▶ 학술적 글쓰기의 쓰기 윤리를 이해하고 글을 쓰는 자세를 기르기 위해 설정하였다. 쓰기 윤리를 위반하는 기준에 대한 명확한 이해를 바탕으로 다른 사람이 생산한 자료를 표절하지 않고 올바르게 인용하기, 연구 결과를 과장하거나 왜곡하지 않고 사실에 근거하여 기술하기 등에 중점을 두어 쓰기 윤리의 중요성을 인식시키고 이를 준수하는 태도 함양에 중점을 두어 지도한다.

[12심국04-03]   매체 이용과 표현의 윤리를 준수하는 태도를 지닌다.

▶ 매체 이용의 윤리를 이해하고 글을 쓰는 자세를 기르기 위해 설정하였다. 매체 이용 윤리의 중요성과 무분별한 매체 사용으로 인한 피해의 심각성을 인식하도록 하는 데 중점을 둔다. 다양한 매체 자료를 이용하여 조사·연구·관찰한 결과를 보고서로 작성하거나 발표하는 활동을 통해 매체 이용 윤리를 준수하는 태도를 기르도록 한다.

탐구주제

1 최근 운동선수들의 기사에 대한 악성 댓글(2018 동계올림픽 빙상종목 팀추월 경기, 프로야구 선수 올림픽 출전 문제 관련 등)로 많은 선수들이 상처를 받고 있다. 왜 이런 문제가 일어나고 있는지 조별로 토의해 보고, 현재 우리나라에서 실시하고 있는 대책의 실효성과 함께 자신이 생각하는 대책을 발표해 보자.

관련학과

경호학과, 공연예술학과, 무용학과, 뮤지컬학과, 체육학과, 사회체육학과, 생활체육학과, 스포츠경영학과, 스포츠건강관리학과, 스포츠과학과, 연극영화학과, 한국무용전공, 현대무용전공, 발레전공, 태권도학과

---

2 현대 사회에서의 언어 활동은 인쇄매체, 음성매체, 영상매체 등 다양한 매체를 기반으로 이루어진다. 이 중에서 영상 매체는 가장 영향력이 높고 전달 속도도 빠르며 현장감 있는 정보를 제공한다. 영상 매체를 이용할 때의 주의점이 무엇인지를 조사하고, 매체 사용의 윤리와 저작권법에 대해서 토론해 보자.

관련학과

국악과, 기악과, 만화애니메이션학과, 미디어영상학과, 성악과, 실용음악과, 음악학과, 작곡과

활용 자료의 유의점

- ⓘ 운동경기 상황을 정확히 이해하고, 댓글을 분석해 보는 활동 권장
- ⓘ 직업 가치관의 의미를 되돌아보고, 본인이 희망하는 직업에 대한 올바른 가치관 확립
- ⓘ 매체를 사용할 때 지켜야 할 저작권법을 조사해 보고, 토론 참여

💬 MEMO

고전 읽기

☐ 고전소설 관련 영상　☐ 도서와 영상의 장단점　☐ 예술과 문화의 관계　☐ 예술의 긍정적 효과

영역 **고전의 수용**

성 취 기 준

[12고전02-01]　인문·예술, 사회·문화, 과학·기술, 문학 등 다양한 분야의 고전을 균형 있게 읽는다.

▶ 학습자가 전인적 인격을 갖춘 인간으로 성장할 수 있도록 인문·예술, 사회·문화, 과학·기술, 문학 등 다양한 분야의 고전을 균형 있게 찾아 읽는 태도를 기르기 위해 설정하였다. 관심을 가지고 흥미를 느끼는 분야, 자신에게 중요하거나 필요하다고 판단되는 분야로부터 출발하여 점차 분야를 확대해 나가도록 지도한다.

탐구주제

8.고전 읽기 — 고전의 수용

① EBS에 접속해서 고전소설과 관련된 영상을 찾아서 시청하자. 고전소설의 영상화에서 원전 그대로의 스토리나 구성이 어떻게 변화되었는지를 찾아보고, 이것이 주는 장단점에 대해 토론해 보자.

관련학과
만화애니메이션학과, 미디어영상학과

고전과 국어 능력

성취기준

[12고전03-02] 고전을 읽고 공동의 관심사나 현대 사회에 유효한 문제를 중심으로 통합적인 국어 활동을 수행한다.

▶ '인간의 본성', '사회와 갈등', '문명과 기술', '예술과 문화', '전쟁과 평화' 등 공동의 관심사나 현대 사회의 중요한 문제라고 할 만한 주제를 중심으로 관련되는 고전을 찾아 읽고 그 문제들에 대해 탐구하는 능력을 기르기 위해 설정하였다. 탐구한 결과를 바탕으로 발표, 토론, 서평, 논술 등 다양하고 통합적인 국어 활동을 수행하는 데 중점을 두되, 하위 영역의 구별에 따른 분절적 국어 교육의 폐해를 극복하고, 실제 언어생활에서 요구되는 통합적 국어 능력을 기르는 데 주안점을 둔다.

탐구주제

8.고전 읽기 — 고전과 국어 능력

① 예술은 미적 가치를 중심으로 하는 문화의 핵심이자 기초이다. 음악, 미술, 문학과 같은 예술을 주제로 하는 고전을 찾아서 읽어보고 그 속에 드러난 인간 사회의 가치관과 삶의 방식인 '문화'에 대해 토론해 보자. 이를 통해 예술과 문화의 관계에 대해서 글로 작성해 보자.

관련학과
국악과, 기악과, 도예학과, 동양화과, 만화애니메이션학과, 미디어영상학과, 사진학과, 산업디자인학과, 서양화과, 성악과, 시각디자인학과, 실내디자인학과, 실용음악과, 음악학과, 작곡과, 조소과, 조형예술학과, 패션디자인학과, 한국화전공, 회화과

활용 자료의 유의점

! 책을 통한 정보 습득과 영상을 통해 정보를 습득할 때의 차이점 비교
! 예술이 문화에 작용하는 긍정적인 효과를 중심으로 관련 서적을 읽고, 토론 참여

💬 MEMO

사회과 교과과정

한국사

핵심키워드

□ 원시 종합 예술 □ 벽화에 그려진 무용 □ 무용의 시대적 배경 □ 음악의 발전 과정 □ 궁중 행사 음악
□ 고대 무예체육 □ 무예도보통지 □ 신분 분류 체계 □ 신분에 따른 의상 □ 개화기 체육 □ 스포츠 산업화

영역 ## 전근대 한국사의 이해

성취기준

[10한사01-02] 고대 사회의 종교와 사상을 시기별로 살펴보고, 정치·사회적 기능을 파악한다.

▶ 재래 신앙과 외래 종교 및 사상이 고대 사회에 미친 다양한 영향을 살펴보고, 신라 말기의 사회 변화 속에서 선종, 풍수지리설의 유행이 갖는 의미를 이해하도록 한다.

[10한사01-03] 고려 시대 통치 체제의 성립과 변화를 국제 질서의 변동과 연결 지어 파악한다.

▶ 고려 시대 동아시아 국제 질서와 국내 정치의 변동에 따라 나타나는 통치 체제와 제도 운영의 양상을 시기별로 탐구하여 비교한다. 고려 말기 신진 사대부의 성장을 권문세족과의 정치적 대결보다 성리학 수용에 따른 개혁의 추진에 중심을 두고 이해하도록 한다.

[10한사01-06] 조선 시대 신분의 구성과 특성을 살펴보고, 양난 이후 상품 화폐 경제가 발달하면서 신분제에 변동이 나타났음을 이해한다.

탐구주제
1. 한국사 ― 전근대 한국사의 이해

① 고대 사회의 제천행사에서 추었던 무용은 목적에 따라 수렵 무용·의료 무용·종교 무용 등으로 나눌 수 있다. 벽화에 그려진 무용의 표현 동작을 살펴보고 각 동작이 표현하고자 하는 것은 무엇인지 시대적 배경과 연관하여 정리해 보자.

관련학과
공연예술학과, 무용학과, 뮤지컬학과, 연극영화학과, 한국무용전공, 현대무용전공, 발레전공

탐구주제

2 고려 시대 음악의 발전 과정을 찾아보고, 궁중 행사에 사용된 음악을 조사해 보자. 통치 체제를 구축하는데 고려 시대 음악은 어떤 역할을 했는지 토론해 보자.

관련학과

국악과, 기악과, 성악과, 실용음악과, 음악학과, 작곡과

---

3 우리나라 과거 체육활동으로 이루어졌던 무예체육(수박, 궁술)의 시대별 특징을 조사하고, 문서에 수록된 동작들을 오늘날 이루어지고 있는 경기스포츠의 동작과 비교해 보자.

관련학과

경호학과, 체육학과, 사회체육학과, 생활체육학과, 스포츠경영학과, 스포츠건강관리학과, 스포츠과학과, 태권도학과

---

4 고려 시대와 조선 시대의 귀족과 서민들이 실시했던 체육의 종목을 찾아보고, 왜 그 종목의 운동을 했는지 시대상과 관련지어 의미를 비교 분석해 보자. 조선 시대 성리학을 바탕으로 이루어졌던 체육활동과 임진왜란 이후 조선 정조대에 편찬된 무예도보통지의 의미와 내용을 분석하고 요즘의 체육활동과 비교하여 정리해 보자.

관련학과

경호학과, 공연예술학과, 무용학과, 뮤지컬학과, 체육학과, 사회체육학과, 생활체육학과, 스포츠경영학과, 스포츠건강관리학과, 스포츠과학과, 연극영화학과, 한국무용전공, 현대무용전공, 발레전공, 태권도학과

---

5 조선 시대 신분의 분류 체계와 특징을 조사해 보자. 신분에 따라 착용하는 의상의 특징을 조사하고, 파워포인트로 작성해 발표해 보자.

관련학과

패션디자인학과

영역 근대 국민 국가 수립 운동

성취기준

[10한사02-06]　　개항 이후 근대 문물 수용으로 나타난 사회·문화적 변화를 살펴본다.

탐구주제

1 개화기 체육활동의 많은 부분이 선교사들에 의해 도입되었다. 이와 관련된 스포츠영화 'YMCA야구단'을 보고 YMCA가 우리나라 스포츠에 미친 영향을 조사하여 발표해 보자

관련학과

경호학과, 체육학과, 사회체육학과, 생활체육학과, 스포츠경영학과, 스포츠건강관리학과, 스포츠과학과, 태권도학과

대한민국의 발전

성취기준

[10한사04-05]   경제 성장의 성과와 문제점을 살펴보고, 이에 따른 사회문화의 변화를 파악한다.

탐구주제

(1) 산업화 이후 우리나라 경제의 성장률은 가파르게 상승하고 있다. 이와 함께 스포츠 산업도 성장하고 있는데 기업이 스포츠에 참여하는 방법을 찾아보고 그 예를 조사해 보자. 그리고 스포츠 산업화로 인해 나타날 수 있는 긍정적 효과와 부정적 효과에는 무엇이 있는지 알아보고, 부정적 효과를 최소화 할 수 있는 방안을 조별로 토의해 보자.

관련학과
경호학과, 공연예술학과, 무용학과, 뮤지컬학과, 체육학과, 사회체육학과, 생활체육학과, 스포츠경영학과, 스포츠건강관리학과, 스포츠과학과, 연극영화학과, 한국무용전공, 현대무용전공, 발레전공, 태권도학과

활용 자료의 유의점

① 시대별 상황과 시대에 성행했던 스포츠의 관계를 바탕으로 알맞은 종목 선정

① 고려 시대의 궁중 행사에 사용된 음악을 조사하고, 궁중 음악의 역할에 대해서 생각해보는 시간 마련

① 조선 시대의 신분에 따른 의상을 찾아보고 의상이 신분제도에 미친 영향에 대해 고민

💬 MEMO

사회과

2

통합사회

핵심키워드

☐ 체육백서 ☐ 생활체육 동호인 ☐ 나이대별 선호 운동 종목 ☐ 전통음악 ☐ 국악의 계승 및 발전 ☐ 행복한 삶
☐ 친환경 올림픽 ☐ 환경과 공존하는 스포츠 ☐ 올림픽 시상식 ☐ 인종차별 퍼포먼스 ☐ 프로축구 선수 연봉
☐ 운동선수 폭력과 성범죄 ☐ 문화 차이 ☐ 1980년대 국제 갈등 ☐ 올림픽의 의미

영역
인간, 사회, 환경과 행복

성취기준

[10통사01-02] 사례를 통해 시대와 지역에 따라 다르게 나타나는 행복의 기준을 비교하여 평가하고, 삶의 목적으로서 행복의 의미를 성찰한다.

▶ 행복의 기준이 시대적 상황과 지역적 여건 등에 따라 어떤 공통점과 차이점을 보이는지를 찾아내고, 이들을 비교·평가함으로써 행복의 진정한 의미를 성찰할 수 있도록 한다.

[10통사01-03] 행복한 삶을 실현하기 위한 조건으로 질 높은 정주 환경의 조성, 경제적 안정, 민주주의의 발전 및 도덕적 실천이 필요함을 설명한다.

▶ 사람이 사람답게 살아가기 위한 질 높은 정주 환경의 조성, 삶의 질을 유지하기 위한 경제적 안정, 시민의 참여가 활성화되는 민주주의의 실현, 도덕적으로 행위하고 성찰하는 삶 등 행복한 삶을 실현하기 위한 조건들을 균형 있게 다루도록 한다.

탐구주제

2.통합사회 — 인간, 사회, 환경과 행복

① 체육백서를 참고하여 최근 10년 우리나라의 생활체육 동호인의 수 변화를 분석해 보자. 산업화가 진행되고 주5일제가 정착화되면서 여가활동에 참여하는 동호인들의 행복에 대한 개념을 조사한 자료가 있는지 확인해 보자. 운동에 지속적으로 참여하는 동호인의 연령대별 운동 종목과 행복의 관계에 대한 이야기를 들어보고 운동이 행복에 미치는 영향에 대해 발표해 보자.

관련학과
경호학과, 공연예술학과, 무용학과, 뮤지컬학과, 체육학과, 사회체육학과, 생활체육학과, 스포츠경영학과, 스포츠건강관리학과, 스포츠과학과, 연극영화학과, 한국무용전공, 현대무용전공, 발레전공, 태권도학과

(2) 행복한 삶을 실현하기 위해서는 질 높은 환경, 경제적 안정, 도덕적 실천 등이 필요하다. 예술이나 체육활동에 참여하는 것은 행복한 삶을 실천하는데 어떤 역할을 하는지 글로 작성해 보자.

관련학과
전 예체능계열

영역 # 자연환경과 인간

성취기준

[10통사02-03] 환경 문제 해결을 위한 정부, 시민사회, 기업 등의 다양한 노력을 조사하고, 개인적 차원의 실천 방안을 모색한다.

▶ 국내외적으로 발생하는 환경 문제 해결을 위한 정부의 제도적 노력이나 시민단체들의 시민운동 및 캠페인, 기업 차원에서의 시설 정비 및 기술 개발 등 다양한 실제 사례들을 조사하고, 개인적 차원에서 할 수 있는 분리수거, 에너지 절약 등의 실천 방안을 탐색할 수 있도록 한다.

탐구주제

2.통합사회 ─ 자연환경과 인간

(1) 2012 런던 올림픽은 친환경 올림픽을 선언하고 여러 가지 기술을 사용하여 환경을 보존하는 올림픽을 개최했다. 런던 올림픽에 사용된 각 종목별 환경보존 방법에 대해 조사하고, 어느 정도 효과를 거뒀는지 예상해 보자. 런던 올림픽 이외에 다른 대회나 종목에서 환경을 생각한 사례가 있는지 조사해 보자. 그리고 2018 평창 올림픽 때 스키 활강장을 만들면서 논란이 일었던 가리왕산에 대한 기사를 찾아보고 환경과 공존할 수 있는 스포츠에 대해 생각을 정리해 보자.

관련학과
경호학과, 공연예술학과, 무용학과, 체육학과, 사회체육학과, 생활체육학과, 스포츠경영학과, 스포츠건강관리학과, 스포츠과학과, 한국무용전공, 현대무용전공, 발레전공, 태권도학과

💬 **MEMO**

인권 보장과 헌법

성취기준

[10통사04-01] 근대 시민 혁명 등을 통해 확립되어 온 인권의 의미와 변화 양상을 이해하고, 현대 사회에서 주거, 안전, 환경 등 다양한 영역으로 인권이 확장되고 있는 사례를 조사한다.

▶ 인권의 의미가 역사 속에서 확장되어 온 과정과 그 결과로 변화된 것이 무엇인지 탐색한다. 현대 사회에서 인권이 확장되고 있는 사례로는 도시민들에게 보장되어야 할 권리를 다룰 수 있다.

탐구주제

2.통합사회 — 인권 보장과 헌법

① 1968년 멕시코 올림픽 육상 남자 200m 경기의 시상식에서 금메달과 동메달을 딴 미국 대표팀 선수들이 행한 인종차별 퍼포먼스 사례를 제시하고, 스포츠에 만연하고 있는 인종차별 사례를 찾아 보자. 인종차별 행위가 발생한 후 나온 대책을 정리해보며 그 당시와 요즘 스포츠 현장에서 행해지는 인종차별 사례를 찾아 보자.

관련학과

경호학과, 공연예술학과, 무용학과, 뮤지컬학과, 체육학과, 사회체육학과, 생활체육학과, 스포츠경영학과, 스포츠건강관리학과, 스포츠과학과, 연극영화학과, 한국무용전공, 현대무용전공, 발레전공, 태권도학과

시장경제와 금융

성취기준

[10통사05-01] 자본주의의 역사적 전개 과정과 그 특징을 조사하고, 시장경제에서 합리적 선택의 의미와 그 한계를 파악한다.

▶ '자본주의의 시간적·공간적 전개 과정과 그 특징'은 역사적 사건이나 사상가들의 주장을 통해 다루도록 한다. 그리고 합리적 선택이란 비용보다 편익을 크게 하는 것을 의미하며, 선택의 효율성만 추구할 경우 공공의 이익이나 규범 준수 등을 간과할 수 있으므로 합리적 선택과 더불어 그 한계에 대해서도 다루도록 한다.

💬 **MEMO**

① 대륙별 프로축구 선수들의 연봉을 비교하고 연봉의 차이가 나는 이유를 찾아 발표해 보자. 그리고 축구 선수들의 선수생활이 다른 직업에 비해 짧은 것을 고려하여 대륙별로 개인의 안정적인 삶을 영위하기 위한 금액으로 적당한 연봉은 어느 정도인지 책정해보고 그 이유에 대해 조별로 토의해 보자.

관련학과

경호학과, 공연예술학과, 무용학과, 뮤지컬학과, 체육학과, 사회체육학과, 생활체육학과, 스포츠경영학과, 스포츠건강관리학과, 스포츠과학과, 연극영화학과, 한국무용전공, 현대무용전공, 발레전공, 태권도학과

영역 # 사회 정의와 불평등

성취기준

[10통사06-03] 사회 및 공간 불평등 현상의 사례를 조사하고, 정의로운 사회를 만들기 위한 다양한 제도와 실천 방안을 탐색한다.

▶ 사회 계층의 양극화, 공간 불평등, 사회적 약자에 대한 차별 등의 사례를 조사하여 원인을 분석하고, 이를 해결하기 위한 사회 복지 제도, 지역 격차 완화 정책, 적극적인 우대 조치 등을 다루도록 한다.

탐구주제

2.통합사회 — 사회 정의와 불평등

① 요즘 발생하고 있는 운동선수들의 폭력과 성범죄 관련 사례를 찾아보고, 그 원인을 분석해 보자. 문화체육관광부나 교육부에서 제시하고 있는 대책 방안을 조사하고, 실효성 여부를 조별로 토의해 보자.

관련학과

경호학과, 공연예술학과, 무용학과, 뮤지컬학과, 체육학과, 사회체육학과, 생활체육학과, 스포츠경영학과, 스포츠건강관리학과, 스포츠과학과, 연극영화학과, 한국무용전공, 현대무용전공, 발레전공, 태권도학과

💬 MEMO

문화와 다양성

성취기준

[10통사07-04] 다문화사회에서 나타날 수 있는 갈등을 해결하기 위한 방안을 모색하고, 문화적 다양성을 존중하는 태도를 갖는다.

▶ 다문화사회의 갈등 해결 방안을 다룰 때, 다문화사회의 갈등만을 부각하기보다는 긍정적 측면도 함께 다루면서 다문화사회의 모습을 다룰 수 있도록 한다. 그리고 다문화사회의 갈등 해결 방안은 문화 다양성의 존중과 관련지어 모색하도록 한다.

[10통사07-02] 문화 변동의 다양한 양상을 이해하고, 현대 사회에서 전통문화가 갖는 의의를 파악한다.

▶ 문화 병존, 문화 융합, 문화 동화 등 문화 변동의 다양한 양상을 구체적인 사례를 통해 다루도록 하며, 현대 사회에서 전통문화가 갖는 의의와 더불어 전통문화를 창조적으로 계승·발전시키기 위한 방안에 대해서도 언급한다.

탐구주제

2.통합사회 ─ 문화와 다양성

1 박찬호 선수가 메이저리그에서 경험했던 문화적 차이와 관련된 동영상을 시청한 후 미국의 문화와 우리나라 문화의 차이에 대해 조사해 보자. 이와 더불어 학교에서 다문화가정 학생들과 발생할 수 있는 문화적 차이에 대해 고민해 보고, 해결 방안을 토의해 보자.

관련학과

경호학과, 공연예술학과, 무용학과, 뮤지컬학과, 체육학과, 사회체육학과, 생활체육학과, 스포츠경영학과, 스포츠건강관리학과, 스포츠과학과, 연극영화학과, 한국무용전공, 현대무용전공, 발레전공, 태권도학과

2 전통 음악인 국악이 병존, 융합, 동화된 경우를 조사해 보자. 다양한 음악 속에서 국악을 창조적으로 계승하고 발전시킬 수 있는 방안에 대해서 토론해 보자.

관련학과

국악과, 기악과, 성악과, 실용음악과, 음악학과, 작곡과

세계화와 평화

성취기준

[10통사08-02] 국제 갈등과 협력의 사례를 통해 국제사회의 행위 주체의 역할을 파악하고, 평화의 중요성을 인식한다.

▶ 지구촌 곳곳의 갈등과 협력에 대한 사례를 통해 국가, 국제기구, 비정부기구 등 국제사회의 행위 주체의 역할을 다루고, 평화의 중요성은 소극적 평화와 적극적 평화로 구분하여 다룬다.

탐구주제

① 1980년대 초반 세계정세를 알아보고, 1980년 모스크바 올림픽과 1984년 LA 올림픽에서 나타났던 국제 갈등을 조사해 보자. 그와 더불어 1988년 서울 올림픽의 의미를 고찰해 보고, 2018년 평창 동계올림픽에서의 북한의 참가의미를 분석해 보자.

관련학과

경호학과, 공연예술학과, 무용학과, 뮤지컬학과, 체육학과, 사회체육학과, 생활체육학과, 스포츠경영학과, 스포츠건강관리학과, 스포츠과학과, 연극영화학과, 한국무용전공, 현대무용전공, 발레전공, 태권도학과

활용 자료의 유의점

- ⓘ 전통 음악에서 문화 변동을 이해하고 국악을 발전시킬 수 있는 방안 고민
- ⓘ 단원에서 배우고자 하는 의미를 정확하게 파악한 후 스포츠 사례와 연관 지어 생각
- ⓘ 올림픽 경기에서 발생할 수 있는 인종차별의 예를 조사해 보고, 그에 대한 대책 고민
- ⓘ 국내 운동선수들이 해외에서 겪을 수 있는 문화적 차이를 통해 다문화 학생 이해
- ⓘ 평창 동계올림픽에 북한이 참가한 것을 올림픽을 통한 세계 평화와 관련지어 생각

💬 **MEMO**

동아시아사

핵심키워드

☐ 세계민속악기박물관   ☐ 동아시아의 악기   ☐ 아시안게임 메달획득 종목   ☐ 자연환경의 영향
☐ 서양 문물의 영향   ☐ 서양 문물 수용

영역   **동아시아 역사의 시작**

성취기준

[12동사01-01]   동아시아 세계의 범위를 파악하고 각국 간의 관계와 교류의 역사를 이해해야 할 필요성을 인식한다.

▶ 동아시아의 범위를 동서로는 일본 열도에서 티베트고원까지, 남북으로는 베트남에서 몽골고원까지로
정한다. 동아시아사 학습의 의의에서는 동아시아가 당면한 역사 인식의 문제를 해결하기 위하여 각국
의 관계와 교류의 역사를 이해할 필요성을 인식시킨다. 이를 통해 동아시아의 평화 공영을 위해 노력하
는 태도를 갖도록 한다.

[12동사01-02]   동아시아의 다양한 자연환경을 배경으로 나타난 삶의 모습을 농경과 목축을 중심으로 파악한다.

탐구주제
3.동아시아사 — 동아시아 역사의 시작

(1) 세계민속악기박물관(www.e-musictour.com)에 접속해서 동아시아의 악기를 조사해 보자. 각 나라마다 악기에 어떤
차이가 있는지 토론해 보자.

관련학과
국악과, 기악과, 성악과, 실용음악과, 만화애니메이션학과, 미디어영상학과, 음악학과, 작곡과

---

(2) 아시안게임에서 각 나라별 메달획득 종목을 분석하고 종목과 나라의 자연환경 사이에 어떤 관련이 있는지 조사해 보자.

관련학과
경호학과, 공연예술학과, 무용학과, 뮤지컬학과, 체육학과, 사회체육학과, 생활체육학과, 스포츠경영학과, 스포츠건강관리학과, 스포츠과학과, 연극영화학과,
한국무용전공, 현대무용전공, 발레전공, 태권도학과

성취기준

[12동사04-03] 동아시아 각국에서 서양 문물의 수용으로 나타난 사회·문화·사상적 변화 사례를 비교한다.

▶ 문물 수용의 시기와 변동의 징도는 나라별로 차이를 보이는데 여기시는 1800년~1910년대를 대상으로 한다. 수용과 변화의 양상을 나라별로 나열해 서술하는 방식을 지양하고 만국 공법, 사회 진화론, 과학기술, 신문과 학교, 시간과 교통, 도시, 여성, 청년 등의 주제를 중심으로 다루며, 가능할 경우 각국 간의 연관성을 부각시켜 제시하도록 한다.

탐구주제

① 동아시아의 나라 중에서 서양 문물의 도입으로 영향을 받은 예술 작품을 조사해 보자. 우리나라도 서양 문물의 도입으로 영향을 받은 예술 작품이 있는지 조사해 보고, 동아시아의 다른 나라와 비교해 보자.

관련학과
도예학과, 동양화과, 만화애니메이션학과, 미디어영상학과, 사진학과, 산업디자인학과, 서양화과, 시각디자인학과, 실내디자인학과, 조소과, 조형예술학과, 패션디자인학과, 한국화전공, 회화과

활용 자료의 유의점

ⓘ 각 나라의 자연환경을 이해하고 나라별 인기 있는 스포츠 종목과의 연관성 탐구
ⓘ 서양 문물의 도입으로 영향을 받은 예술 작품을 통해 동아시아의 근대화 이해

💬 MEMO

사회과

4

세계사

핵심키워드

☐ 그리스와 로마 문명 ☐ 제국주의 ☐ 아프리카 대륙의 대중적 스포츠 ☐ 제1, 2차 세계대전의 영향
☐ 음악의 효과 ☐ 시대적 음악

영역

유럽·아메리카 지역의 역사

성취기준

[12세사04-01] 그리스·로마 문명의 특징을 이해하고, 고대 지중해 세계의 형성과 발전에 대해 탐구한다.

▶ 그리스·로마 문명을 통해 오늘날 유럽 사회가 형성된 근원에 접근해 본다. 서유럽 사회가 게르만족의
이동 이후 중세 봉건제 사회로 이행하는 과정을 살펴본다. 크리스트교의 성립과 발전이 서유럽 사회 및
비잔티움 제국에 미친 영향을 알아본다.

탐구주제

4.세계사 — 유럽·아메리카 지역의 역사

① EBS(www.ebs.co.kr)에 접속해서 그리스와 로마 문명에 관련된 영상을 시청해 보자. 영상의 내용·편집·음악 등을 분
석하고, 그리스와 로마 문명에 대해서 어느 부분을 잘 표현했는지 글로 작성해 보자.

관련학과

도예학과, 동양화과, 만화애니메이션학과, 미디어영상학과, 사진학과, 산업디자인학과, 서양화과, 시각디자인학과, 실내디자인학과, 조소과, 조형예술학과,
패션디자인학과, 한국화전공, 회화과

제국주의와 두 차례 세계대전

성취기준

[12세사05-01] 제국주의 열강의 침략과 이에 대항한 아시아·아프리카의 민족 운동에 대해 조사한다.

[12세사05-02] 제1, 2차 세계대전의 원인과 결과를 알아보고, 세계 평화를 실현하기 위한 방법에 대해 토론한다.

▶ 제국주의의 세계 분할이 제1차 세계대전으로 이어지는 과정을 살펴보고, 각국에서 전개된 민족 운동과 관련지어 파악한다. 대공황 이후 등장한 전체주의가 제2차 세계대전으로 이어지는 모습을 살펴본다. 세계대전을 경험한 국제사회가 전쟁의 재발을 막고 평화를 유지하기 위해 다양한 노력을 전개하였음을 이해한다.

탐구주제

4.세계사 — 제국주의와 두 차례 세계대전

① 제국주의 열강의 침략과 아시아, 아프리카 대륙에서 대중화되어 있는 스포츠 종목의 상관관계를 알아보자.

관련학과
경호학과, 공연예술학과, 무용학과, 뮤지컬학과, 체육학과, 사회체육학과, 생활체육학과, 스포츠경영학과, 스포츠건강관리학과, 스포츠과학과, 연극영화학과, 한국무용전공, 현대무용전공, 발레전공, 태권도학과

② 제1차 세계대전과 제2차 세계대전 시대에 발전한 음악을 조사해 보자. 그중에서 세계 평화에 영향을 준 음악을 찾아보고, 음악이 인간에게 주는 효과에 대해서 토론해 보자.

관련학과
국악과, 기악과, 성악과, 실용음악과, 음악학과, 작곡과

활용 자료의 유의점

① 그리스와 로마 문명에 관련된 영상을 통해 고대 지중해 세계의 형성과 발전을 이해
① 제국주의 시대에 열강과 식민지의 의미를 이해하고 식민지 나라에서 대중화되어 있는 스포츠와 연관 지어 생각
① 제1, 2차 세계대전 시대에 발전한 음악을 통해서 세계 평화를 실현하기 위한 노력에 대해 사례 탐구

💬 **MEMO**

경제

☐ 예술인 고용보험 　 ☐ 한국예술인복지재단 　 ☐ 음원사이트 　 ☐ 음원 가격 　 ☐ 프로스포츠의 수입과 지출
☐ 운동선수 연봉 　 ☐ 운동선수 은퇴 　 ☐ 은퇴 후 금융 활동

영역 **경제 생활과 경제 문제**

성취기준

[12경제01-03] 　 경제 문제를 해결하는 다양한 방식의 장단점을 비교하고, 시장경제의 기본 원리와 이를 뒷받침 하는 사회 제도를 파악한다.

> ▶ 기본적인 경제 문제를 해결하는 방식으로써 전통경제, 계획경제, 시장경제의 특성을 간단히 비교한 후 시장경제는 경제 주체의 자유와 경쟁을 바탕으로 가격 기구를 통해 경제 문제를 해결하려고 한다는 점을 강조한다. 또한 이러한 시장경제를 뒷받침하기 위해서는 사유 재산권, 경제활동의 자유, 공정한 경쟁 등이 보장되어야 한다는 점을 이해한다.

탐구주제

5.경제 — 경제 생활과 경제 문제

① 예술가의 경제 활동을 도와주기 위해서 2020년 12월 초부터 예술인 고용보험이 시행되었다. 한국예술인복지재단 (www.kawf.kr)에 접속해서 예술인 고용보험에 대해 조사해 보고, 예술인 고용보험의 장단점을 파워포인트로 제작해 보자.

관련학과

도예학과, 동양화과, 만화애니메이션학과, 미디어영상학과, 사진학과, 산업디자인학과, 서양화과, 시각디자인학과, 실내디자인학과, 조소과, 조형예술학과, 패션디자인학과, 한국화전공, 회화과

시장과 경제 활동

성취기준

[12경제02-01] 시장 가격의 결정과 변동 원리를 이해하고, 수요와 공급의 원리를 노동 시장과 금융 시장 등에 적용한다.

▶ 시장 가격의 결정과 변동 원리를 학습한 후 노동 시장과 금융 시장을 사례로 수요와 공급의 원리를 복습한다. 예를 들어, 노동의 수요와 공급에 의해 균형 임금이 결정되며, 노동의 수요와 공급이 변하면 이에 따라 임금이 변한다는 점을 학습한다. 노동 시장과 금융 시장의 사례는 학생들의 탐구 활동으로 다룰 수도 있다.

탐구주제

5.경제 ─ 시장과 경제 활동

① 음원사이트에 접속해서 MP3 파일의 가격을 조사하고, 음원사이트별 가격을 비교해 보자. 수요와 공급을 고려하여 MP3 파일의 적당한 가격을 정해보고 그 이유를 발표해 보자.

관련학과
국악과, 기악과, 성악과, 실용음악과, 음악학과, 작곡과

② 우리나라 프로스포츠 중 한 종목을 선택하여 구단에서 1년 동안 벌어들이는 수입과 지출을 분석하고, 지출 중에 대부분을 차지하고 있는 선수들의 최저 연봉과 최고 연봉을 토대로 연봉이 정해지는 원리와 선수별 연봉의 타당성을 검증하여 발표해 보자.

관련학과
경호학과, 공연예술학과, 무용학과, 뮤지컬학과, 체육학과, 사회체육학과, 생활체육학과, 스포츠경영학과, 스포츠건강관리학과, 스포츠과학과, 연극영화학과, 한국무용전공, 현대무용전공, 발레전공, 태권도학과

경제 생활과 금융

성취기준

[12경제05-01] 현대 경제 생활에서 금융의 의미와 중요성을 인식하고, 현재와 미래의 삶을 위하여 수입, 지출, 신용, 저축, 투자의 의미와 역할을 이해한다.

▶ 수입(소득과 부채의 합), 지출(소비 지출과 비소비 지출의 합), 신용(채무 부담 능력), 저축(수입에서 지출을 뺀 나머지), 투자(금융 자산 또는 실물 자산으로 저축을 전환하는 활동, 자본재를 증가시키는 기업의 투자 활동과 구분)의 개념을 명확히 이해한다.

탐구주제

(1) 운동선수들이 받는 선수들의 연봉을 토대로 1년에 예상되는 지출 항목과 비용을 산출해 보자. 종목별로 선수들이 받고 있는 평균 연봉을 기준으로 몇 년의 선수 생활을 해야 생계가 유지되는지를 예측해 보고, 실제 선수들의 평균 은퇴 나이와 은퇴 후 어떤 금융 활동을 해야 효율적인 자산관리가 되는지를 조사해 보자.

관련학과

경호학과, 공연예술학과, 무용학과, 뮤지컬학과, 체육학과, 사회체육학과, 생활체육학과, 스포츠경영학과, 스포츠건강관리학과, 스포츠과학과, 연극영화학과, 한국무용전공, 현대무용전공, 발레전공, 태권도학과

활용 자료의 유의점

- ⚠ 예술인의 경제 생활을 위해서 예술인 고용보험이 도입된 것을 이해하고 자료 제작
- ⚠ 국내에서 운영하고 있는 음원사이트의 가격을 조사하고, 수요와 공급의 원리를 이해
- ⚠ 스포츠 종목별 시장 규모를 파악하고 정확한 수입과 지출내역을 알 수 있는 출처 탐색

💬 **MEMO**

사회과

6

정치와 법

핵심키워드

☐ 선거 음악   ☐ 선거송의 종류   ☐ 자유계약선수제도   ☐ 임의탈퇴제도
☐ 프로야구선수협의회 설립   ☐ 운동선수의 기본 권리

영역 ## 민주주의와 헌법

성취기준

[12정법01-01]   정치의 기능과 법의 이념을 이해하고, 민주주의와 법치주의의 발전 과정을 분석한다.

▶ 집단과 국가 차원에서 정치의 기능을 이해하고, 현대 국가에서 법의 이념을 정의를 중심으로 인식한다.
시민 혁명 이후 민주주의와 법치주의의 발전 과정에 대한 분석을 토대로 민주주의와 법치주의의 관계
에 대해서 탐구한다. 특히 법의 이념은 그 내용이 고등학생이 쉽게 이해할 수 있는 수준을 넘어서지 않
도록 한다.

탐구주제

6.정치와 법 ─ 민주주의와 헌법

(1) 민주정치의 전제는 올바른 선거이며, 선거의 홍보 과정에는 음악이 활용된다. 선거송의 종류를 조사해 보고, 선거송이
정치에 미치는 영향에 대해 토론해 보자.

관련학과
국악과, 기악과, 미디어영상학과, 성악과, 실용음악과, 음악학과, 작곡과

민주 국가와 정부

[12정법02-02] 입법부, 행정부, 사법부의 역할을 이해하고, 이들 간의 상호 관계를 권력분립의 원리에 기초하여 분석한다.

▶ 우리나라의 국회, 대통령과 행정부, 법원과 헌법재판소 등 국가기관이 기본적으로 어떤 역할을 수행하는지를 파악하는데 이때 국가기관의 세부적인 구성과 조직보다는 국가기관 간의 상호 관계를 권력분립의 원리에 초점을 맞추어 분석한다.

탐구주제

6.정치와 법 ─ 민주 국가와 정부

① 국가 권력을 분산시킨 입법부, 행정부, 사법부의 역할을 조사해 보자. 입법부, 행정부, 사법부의 역할을 토론해보고, 이들 간의 상호 관계를 인포그래픽으로 표현해 보자.

관련학과
시각디자인학과, 실내디자인학과

개인 생활과 법

[12정법04-02] 재산 관계(계약, 불법행위)와 관련된 기본적인 법률 내용을 이해하고, 이를 일상생활의 사례에 적용한다.

▶ 민법의 주요 내용인 재산 관계를 계약, 불법행위 등의 개념에 초점을 맞추어 기본적인 법률 내용을 확인하고 이를 일상생활의 사례에 적용한다. 여기서 민사 소송 등 분쟁 해결 절차는 다루지 않는다.

탐구주제

6.정치와 법 ─ 개인 생활과 법

① 프로스포츠에서 실시하고 있는 자유계약선수제도, 임의탈퇴제도에 대해 알아보고, 구단의 입장과 선수의 입장에서 각 제도들을 해석해 보자.

관련학과
경호학과, 체육학과, 사회체육학과, 생활체육학과, 스포츠경영학과, 스포츠건강관리학과, 스포츠과학과, 태권도학과

사회생활과 법

성취기준

[12정법05-03] 법에 의해 보장되는 근로자의 기본적인 권리를 이해하고, 이를 일상생활의 사례에 적용한다.

탐구주제

6.정치와 법 — 사회생활과 법

① 프로야구선수협의회의 설립 취지를 찾아보고 선수협의회 결성 전의 선수의 권리와 선수협의회 결성 후 선수의 권리를 비교해 보자. 그리고 미국이나 일본의 프로야구선수협의회에서 실시하고 있는 선수들의 기본권리에는 어떤 것이 있는지 조사해 보자.

관련학과
경호학과, 공연예술학과, 무용학과, 뮤지컬학과, 체육학과, 사회체육학과, 생활체육학과, 스포츠경영학과, 스포츠건강관리학과, 스포츠과학과, 연극영화학과, 한국무용전공, 현대무용전공, 발레전공, 태권도학과

활용 자료의 유의점

⊕ 선거에 사용되는 음악을 통해서 음악이 정치에 미치는 영향에 대해 생각해보도록 권장

⊕ 스포츠 현장에서 실시되고 있는 명문화된 법규를 찾아 분석

⊕ 운동선수들의 근로 조건을 살펴보고 운동선수들의 기본권리에 대해서 조사

💬 MEMO

사회과 7

사회·문화

핵심키워드

☐ 야구 응원 용어　☐ 지역별 관람문화　☐ 음악의 주류문화　☐ 음악의 하위문화　☐ 영상 매체의 확대
☐ 국내와 외국의 대중매체 차이점　☐ 그레그 클라크　☐ 성차별 기사　☐ 사회적 소수자

영역

문화와 일상생활

성취기준

[12사문03-01] 　문화에 대한 이해를 바탕으로 문화를 바라보는 여러 관점을 설명하고 문화 다양성 존중 및 조화를 추구하는 태도를 가진다.

▶ 문화의 의미와 속성을 파악하고 문화를 보는 관점으로서 총체론, 비교론 등의 특징을 살펴본다. 또한 우리 사회 안팎의 문화 다양성 관련 양상에 대해 인식하고 문화 상대주의적 태도를 함양한다.

[12사문03-02] 　하위문화의 의미를 주류문화와의 관계 속에서 설명하고 다양한 하위문화의 특징과 기능을 분석한다.

▶ 지역 문화, 세대 문화, 반문화 등 다양한 하위문화의 특징과 기능을 이해하고 현대 사회의 문화 다양성 측면에서 하위문화의 역할이 중요하다는 점을 강조한다.

[12사문03-03] 　대중문화의 특징을 대중매체와의 관계 속에서 분석하고 대중문화를 비판적으로 수용하는 태도를 가진다.

[12사문03-04] 　문화 변동의 요인과 양상을 탐구하고 문화 변동 과정에서 발생하는 문제에 대한 대처 방안을 모색한다.

탐구주제

1 야구에서의 지역별 관람문화를 비교해 보고, 같은 의미지만 다르게 사용하는 응원 용어를 찾아 발표해 보자. 또한 1980년대 초창기의 야구 경기 관람 문화와 현재의 관람 문화를 비교할 수 있는 영상을 본 후 시대변화와 연계하여 어떤 변화가 있는지 발표해 보자.

관련학과

경호학과, 공연예술학과, 무용학과, 뮤지컬학과, 체육학과, 사회체육학과, 생활체육학과, 스포츠경영학과, 스포츠건강관리학과, 스포츠과학과, 연극영화학과, 한국무용전공, 현대무용전공, 발레전공, 태권도학과

2 음악에서 주류문화와 하위문화의 예를 조사해 보자. 음악에서 하위문화의 순기능과 역기능을 토론하고, 토론 결과를 글로 작성해 보자.

관련학과

국악과, 기악과, 성악과, 실용음악과, 음악학과, 작곡과

3 영상 매체는 TV에서 카카오TV, 유튜브, 넷플릭스 등 다양한 국내외 매체로 확대되고 있다. 국내 기업과 외국 기업의 공통점과 차이점을 조사해 보고, 국내외 다양한 매체가 대중문화에 미치는 영향을 발표해 보자.

관련학과

국악과, 기악과, 만화애니메이션학과, 미디어영상학과, 성악과, 실용음악과, 음악학과, 작곡과

영역
사회 계층과 불평등

성취기준

[12사문04-03]   다양한 사회 불평등 양상을 조사하고, 그와 관련한 차별을 개선하기 위한 방안을 모색한다.

▶ 사회적 소수자, 성 불평등, 빈곤의 양상과 그 문제점 및 해결 방안을 탐색한다. 특히 사회적 소수자는 인종, 민족, 국적, 신체 등 다양한 요인에 의해 규정될 수 있다는 점과 그로 인해 발생하는 차별에 대한 대응이 필요하다는 점을 인식한다.

탐구주제

1 그레그 클라크 잉글랜드 축구협회장의 성차별 관련 기사를 예로 들면서 여러 가지 스포츠 상황에서 사회적 소수자들이 겪었던 차별 사례를 찾아 발표해 보자. 사회적 소수자들에 대한 차별이 일어나는 원인을 분석하고, 해결책을 제시해 보자

관련학과

경호학과, 공연예술학과, 무용학과, 뮤지컬학과, 체육학과, 사회체육학과, 생활체육학과, 스포츠경영학과, 스포츠건강관리학과, 스포츠과학과, 연극영화학과, 한국무용전공, 현대무용전공, 발레전공, 태권도학과

활용 자료의 유의점

- ⚠ 스포츠 종목별 시간의 흐름에 따른 문화의 차이를 나타낼 수 있는 자료를 검색하고 의미를 부여해보기를 권장
- ⚠ 음악에서 주류문화와 하위문화를 조사하고, 하위문화의 순기능에 대해서 분석
- ⚠ 영상 매체를 공급하는 국내 기업과 외국 기업을 조사하고, 대중문화에 미치는 영향 고려

💬 MEMO

한국지리

핵심키워드

☐ 학과 소개 영상   ☐ 지리 정보 조사   ☐ 우리나라 기후 특성   ☐ 동계스포츠   ☐ 스키장 이용실태
☐ 겨울스포츠의 미래   ☐ 유통 소비 공간의 변화   ☐ 온라인 소비   ☐ 캐치프레이즈

영역 **국토 인식과 지리 정보**

성취기준

[12한지01-03] 다양한 지리 정보의 수집·분석·표현 방법을 이해하고, 지역 조사를 위한 구체적인 답사 계획을 수립한다.

▶ 최근 급속도로 발달하여 실생활에서도 활발하게 적용되고 있는 지리 정보 시스템에 대한 이해를 높이되, 종이 지도, 인쇄 이미지(그래프, 사진 등), 각종 서적 등에 나타나 있는 지리 정보의 중요성도 파악하도록 한다. 나아가 지역 조사의 의의, 방법, 절차에 대한 학습을 바탕으로 수집된 정보가 의미 있는 지리 정보로 표현·재구성되는 과정을 이해하도록 하며, 현장체험학습, 가족 여행 및 학교교육과정 운영 범위 내에서 수행 가능한 답사 계획의 수립과 실행에 이를 적용해 본다.

탐구주제

8.한국지리 — 국토 인식과 지리 정보

① 본인이 재학 중인 학교의 건물과 주변 지역의 지리 정보를 조사하면서 핸드폰으로 영상을 촬영해 보자. 학교와 학교 주변 지역을 소개하는 영상을 제작해 보고, 학교 홈페이지 게시판에 탑재해서 영상을 전시해 보자.

관련학과
만화애니메이션학과, 미디어영상학과

기후 환경과 인간 생활

성취기준

[12한지03-02] 다양한 기후 경관을 사례로 기후 특성이 경제생활 등 주민들의 일상생활에 미치는 영향을 설명한다.

▶ 기후는 자연 및 인문 경관의 형성·변화에 큰 영향을 미치며, 의식주를 중심으로 한 주민들의 생활양식
과도 밀접하게 관련되어 있다. 나아가 주민들의 생활 모습이 기후 지역에 따라 어떤 차이가 나타나는지
를 비교하는 것은 지역성 파악을 위한 의미 있는 교수·학습 활동이라고 할 수 있다. 최근, 기후의 경제
적 측면이 갖고 있는 중요성이 강조되고 있는데 이는 우리 국토를 변화시키는 원인이 되기도 하며, 지
구적 차원에서부터 지역적 수준까지 다양한 층위에 걸쳐 주민들의 일상에 영향을 주고 있음을 파악하
도록 한다.

탐구주제

8.한국지리 — 기후 환경과 인간 생활

① 우리나라의 기후 특성과 기후 요인을 분석하고, 동계스포츠 중 대중화되어 있는 스키장의 최근 10년간 이용실태를
파악하여 스키장의 개장일과 폐장일의 변화, 스키장 영업일 수의 변화 등을 조사해 보자. 그리고 우리나라 겨울스포
츠의 미래는 어떤 모습으로 변화할 것인지에 대해 토론해 보자.

관련학과

체육학과, 사회체육학과, 생활체육학과, 스포츠경영학과, 스포츠건강관리학과, 스포츠과학과, 태권도학과

생산과 소비의 공간

성취기준

[12한지05-04] 상업 및 서비스 산업의 입지에 영향을 미치는 요인과 최근의 변화상을 파악하고, 교통·통신의 발달
이 생산 및 소비 공간에 미치는 영향을 평가한다.

▶ 상업 및 서비스 산업의 변화를 다양한 측면에서 탐구해 봄으로써 생산 및 소비 공간의 변화 과정과 모
습을 이해하도록 한다. 예를 들어, 교통과 정보 통신의 발달이 생산, 유통, 소비 공간의 변화와 지역 및
주민들의 일상생활 변화에 어떠한 영향을 미치고 있는지를 사례를 기반으로 탐구하며, 다양하면서도
적합한 자료를 활용하여 서비스 산업의 고도화와 다양화가 생산 및 소비 공간에 미치는 영향을 파악할
수 있도록 한다.

탐구주제

① 유통 소비 공간이 온라인으로 이동하는 변화가 나타나면서 온라인 물품 구입이 필수 소비 패턴으로 자리를 잡았다. 온라인 소비가 활성화되면서 본인이 거주하는 지역 상권의 매출도 감소할 수 있다. 지역 상권의 매출을 높이기 위한 캐치프레이즈 디자인을 제작해 보자.

관련학과

동양화과, 만화애니메이션학과, 미디어영상학과, 사진학과, 산업디자인학과, 서양화과, 시각디자인학과, 실내디자인학과, 조소과, 조형예술학과, 패션디자인학과, 한국화전공, 회화과

활용 자료의 유의점

- ⚠ 재학 중인 학교의 건물과 학교 주변 지역의 정보를 조사하면서 지리 정보를 수집
- ⚠ 우리나라 기후의 변화를 확인할 수 있는 객관적인 수치를 바탕으로 동계스포츠를 분석
- ⚠ 지역 상권의 발전을 위해서 캐치프레이즈를 정하고 디자인 제작

💬 **MEMO**

사회과

9

세계지리

(핵심키워드)

☐ 나라별 크리스마스 음악   ☐ 세계 대지형 개최 스포츠   ☐ 지형 활용 스포츠   ☐ 지형 형성 원인   ☐ 종교 미술

영역

세계화와 지역 이해

(성취기준)

[12세지01-03] 세계의 권역들을 구분하는 데에 활용되는 주요 지표들을 조사하고, 세계의 권역들을 나눈 기존의 여러 가지 사례들을 비교 분석하여 각각의 특징과 장단점을 평가한다.

▶ 세계를 여러 지역으로 나누기 위한 주요 지표들을 알아본 뒤, 세계의 권역들을 나누는 기존의 다양한 사례들을 비교 분석하여 각각의 특징과 장단점을 평가하고 각 사례들에 적용된 지역 구분의 주된 지표가 무엇인지 추론한다.

탐구주제

9.세계지리 — 세계화와 지역 이해

① 각 나라별 크리스마스 문화와 음악을 조사해 보자. 크리스마스 때 나라별로 즐겨 듣는 음악을 조사하고, 비슷한 음악을 선호하는 나라로 분류해 보자.

관련학과

국악과, 기악과, 성악과, 실용음악과, 음악학과, 작곡과

세계의 자연환경과 인간 생활

성취기준

[12세지02-05]   세계적으로 환경 보존이나 관광의 대상지로 주목받고 있는 주요 사례를 중심으로 카르스트 지형, 화산 지형, 해안지형 등 여러 가지 특수한 지형들의 형성 과정을 이해한다.

탐구주제

9.세계지리 — 세계의 자연환경과 인간 생활

① 세계의 주요 대지형에서 개최되는 스포츠 행사를 조사하고, 지형의 형성 원인과 왜 그 지역이나 지형에서 대회를 개최하는지 상관관계를 알아보자.

관련학과
경호학과, 공연예술학과, 무용학과, 뮤지컬학과, 체육학과, 사회체육학과, 생활체육학과, 스포츠경영학과, 스포츠건강관리학과, 스포츠과학과, 연극영화학과, 한국무용전공, 현대무용전공, 발레전공, 태권도학과

세계의 인문 환경과 인문 경관

성취기준

[12세지03-01]   세계의 주요 종교별 특징과 주된 전파 경로를 분석하고, 주요 종교의 성지 및 종교 경관이 지닌 상징적 의미들을 비교하고 해석한다.

탐구주제

9.세계지리 — 세계의 인문 환경과 인문 경관

① 각 나라의 주요 종교와 관련 있는 미술 작품을 조사해 보자. 비슷한 종교를 기준으로 나라마다 미술 작품의 공통점과 차이점을 분석해 보자.

관련학과
도예학과, 동양화과, 서양화과, 시각디자인학과, 실내디자인학과, 조소과, 조형예술학과, 한국화전공, 회화과

활용 자료의 유의점

- ⚠ 각 나라별 크리스마스 음악을 조사하고, 비슷한 문화를 갖고 있는 나라 탐색
- ⚠ 세계적으로 권위 있는 대회를 검색한 후 스포츠와 연관된 지형적인 특성을 분석
- ⚠ 미술 작품 속에 들어 있는 종교를 이해하고 종교의 전파 경로 조사

핵심키워드

☐ 운동경기 관람여행 계획 ☐ 세계 주요 축제 ☐ 축제 음악 ☐ 메가스포츠 이벤트
☐ 우리나라 스포츠 개최 도시 ☐ 박물관 전시 작품

영역 ## 여행을 왜, 어떻게 할까?

성취기준

[12여지01-03] 다양한 지도 및 지리 정보 시스템을 활용하여 여행지 및 여행 경로에 대한 정보를 수집·정리·조직한다.

탐구주제

10.여행지리 — 여행을 왜, 어떻게 할까?

(1) 자신이 좋아하는 스포츠 경기를 관람할 수 있도록 여행 일정과 경로 등을 포함한 여행 계획서를 작성해 발표해 보자.

관련학과

경호학과, 공연예술학과, 무용학과, 뮤지컬학과, 체육학과, 사회체육학과, 생활체육학과, 스포츠경영학과, 스포츠건강관리학과, 스포츠과학과, 연극영화학과, 한국무용전공, 현대무용전공, 발레전공, 태권도학과

💬 **MEMO**

다채로운 문화를 찾아가는 여행

성취기준

[12여지03-01]	스포츠, 문화, 엑스포 등 세계 각국에서 벌어지는 축제의 사례를 선정하여 축제의 개최 배경, 의미, 성공적인 축제 관광의 조건을 탐구한다.
[12여지03-02]	종교, 건축, 음식, 예술 등 다양한 문화로 널리 알려진 지역을 사례로 각 문화의 형성 배경과 의미를 이해하고 관광적 매력을 끄는 이유를 탐구한다.

탐구주제

10. 여행지리 — 다채로운 문화를 찾아가는 여행

① 관심 있는 나라에서 벌어지는 주요 축제를 조사해 보자. 그 축제에서 사용하는 여러 음악들을 들어 보고, 가장 아름다운 음악을 선정하여 이유를 발표해 보자.

관련학과

국악과, 기악과, 성악과, 실용음악과, 음악학과, 작곡과

② 월드컵이나 올림픽 같은 메가스포츠 이벤트의 유래와 흥미로운 뉴스를 찾아보고, 우리나라 선수들이 경기를 치르는 도시들의 여행지를 찾아 여행 계획을 세워보자.

관련학과

경호학과, 공연예술학과, 무용학과, 뮤지컬학과, 체육학과, 사회체육학과, 생활체육학과, 스포츠경영학과, 스포츠건강관리학과, 스포츠과학과, 연극영화학과, 한국무용전공, 현대무용전공, 발레전공, 태권도학과

③ 여행을 가고 싶은 나라의 박물관에 전시되어 있는 예술 작품을 찾아 보자. 예술 작품이 그 나라에서 관광적 매력이 있고 다른 나라에도 알려진 이유를 조사해 보자.

관련학과

국악과, 기악과, 도예학과, 동양화과, 만화애니메이션학과, 미디어영상학과, 사진학과, 산업디자인학과, 서양화과, 성악과, 시각디자인학과, 실내디자인학과, 실용음악과, 음악학과, 작곡과, 조소과, 조형예술학과, 패션디자인학과, 한국화전공, 회화과

활용 자료의 유의점

- ⓘ 흥미를 가지고 있는 스포츠 종목을 바탕으로 세계적으로 권위 있는 대회 탐색
- ⓘ 나라별 축제 속에 사용되는 음악을 조사하고, 나라마다 문화적 차이가 있음을 이해
- ⓘ 박물관에 전시되어 있는 예술 작품을 통해서 각 나라의 문화적 차이 비교

도덕과 교과과정

도덕과

1

생활과 윤리

핵심키워드

☐ 희망 직업 ☐ 직업 선택 ☐ 선수 금지약물 ☐ 약물과 경기력의 관계 ☐ 약물복용 ☐ 미디어콘텐츠창작자의 윤리의식

영역 **사회와 윤리**

성취기준

[12생윤03-01] 직업의 의의를 행복의 관점에서 이해하고, 다양한 직업군에 따른 직업윤리를 제시할 수 있으며 공동체 발전을 위한 청렴한 삶의 필요성을 설명할 수 있다.

▶ 이 성취기준의 취지는 첫째, 직업이 개인의 정체성, 자존감, 인격을 형성하는 수단이자 사회와의 연결 고리임을 인식하고, 자신의 능력과 소질 실현을 통한 행복한 삶으로의 과정임을 이해하도록 하는 것이다. 둘째, 직업인으로서 갖추어야 할 다양한 직업윤리를 이해하고 이를 굳은 신념으로 실천하고자 하는 마음가짐을 갖도록 하며 공동체 구성원의 신뢰와 정직을 통해 구축된 청렴한 사회가 개인과 공동체의 발전에 어떻게 기여하는지 탐구하고 성찰하도록 한다.

탐구주제

1.생활과 윤리 — 사회와 윤리

① 본인이 희망하는 직업을 선택하면 행복할 수 있을지 고민해 보자. 행복할 수 있는 이유를 3개의 단어로 요약해보고 타이포그래피로 제작해 보자.

관련학과
전 예체능계열

영역	**과학과 윤리**

성취기준

[12생윤04-01]　　과학기술 연구에 대한 다양한 관점을 조사하여 비교·설명할 수 있으며 이를 과학기술의 사회적 책임 문제에 적용하여 비판 또는 정당화할 수 있다.

탐구주제

① 선수들이 복용하는 금지약물이 경기력에 미치는 영향에 대해 조사해 보고, 운동선수들이 약물을 복용하는 이유에 대해 토론해 보자. 그리고 금지약물이 개발된 이유를 찾아보고, 현재 우리나라의 도핑 방지 시스템에 대해 조사해 보자.

관련학과
경호학과, 공연예술학과, 무용학과, 뮤지컬학과, 체육학과, 사회체육학과, 생활체육학과, 스포츠경영학과, 스포츠건강관리학과, 스포츠과학과, 연극영화학과, 한국무용전공, 현대무용전공, 발레전공, 태권도학과

영역	**문화와 윤리**

성취기준

[12생윤05-01]　　미적 가치와 윤리적 가치를 예술과 윤리의 관계 차원에서 설명할 수 있으며 대중문화의 문제점을 윤리적 관점에서 비판하고 그 개선 방안을 제시할 수 있다.

탐구주제

① 1인 크리에이터나 유튜버 등 미디어콘텐츠창작자의 윤리의식에 대해서 토론해 보자. 토론 결과를 중심으로 미디어콘텐츠창작자의 윤리강령을 작성해 보자.

관련학과
국악과, 기악과, 만화애니메이션학과, 미디어영상학과, 성악과, 실용음악과, 음악학과, 작곡과

활용 자료의 유의점

- ⓘ 직업을 갖고 있는 행복을 느껴보고 희망하는 분야에 대한 직업윤리를 생각해보도록 노력
- ⓘ 금지약물의 종류와 효능을 조사해 보고, 종목별로 많이 적발된 금지약물 조사
- ⓘ 미디어콘텐츠창작자의 윤리의식을 생각해보고 윤리강령 작성을 통해 실천방안 고안

윤리와 사상

핵심키워드

☐ 금욕주의와 쾌락주의 ☐ 세계 평화의 날 ☐ 행사 음악 ☐ 세계시민교육 영상 ☐ 타이포그래피

영역

서양 윤리 사상

성취기준

[12윤사03-03] 행복에 이를 수 있는 방법으로서 쾌락의 추구와 금욕의 삶을 강조하는 윤리적 입장을 비교하여 각각의 특징과 한계를 토론할 수 있다.

▶ 이 성취기준의 취지는 먼저 행복한 삶을 쾌락과 금욕의 관점에서 조망하고, 학생들이 양자의 관점을 서로 비교·분석하여 각 입장의 특징과 한계, 공통점과 차이점 등을 이해하도록 하는 데 있다. 또한 학생이 그 어느 때보다 물질적 풍요를 누리고 있는 우리의 삶을 금욕주의와 쾌락주의 관점에서 숙고하고, 행복한 삶의 의미를 깊이 성찰하도록 하는 데 있다.

탐구주제

2.윤리와 사상 — 서양 윤리 사상

① 예술가들은 작품 활동을 통해서 본인의 생각을 표현한다. 금욕주의와 쾌락주의를 표현한 미술 작품을 찾아보고, 각 작품에 표현된 작가의 사상에 대해 토론해 보자.

관련학과

국악과, 기악과, 도예학과, 동양화과, 만화애니메이션학과, 미디어영상학과, 사진학과, 산업디자인학과, 서양화과, 성악과, 시각디자인학과, 실내디자인학과, 실용음악과, 음악학과, 작곡과, 조소과, 조형예술학과, 패션디자인학과, 한국화전공, 회화과

[12윤사04-06]   동·서양의 평화 사상들을 탐구하여 세계시민주의와 세계시민 윤리의 원칙 및 지향을 이해하고, 이를 통해 세계시민이 가져야 할 태도에 대해 성찰할 수 있다.

탐구주제

2.윤리와 사상 — 사회사상

① 세계 평화의 날을 기념하여 학교에서 캠페인을 진행하려고 한다. 캠페인을 진행할 때 사용할 동양 음악과 서양 음악을 선정하고, 캠페인 진행 순서를 작성해 보자.

관련학과

국악과, 기악과, 만화애니메이션학과, 미디어영상학과, 성악과, 실용음악과, 음악학과, 작곡과

② 동영상 사이트(https://youtu.be/0q1BIM8_Dz8)에 접속해서 세계시민교육에 대한 영상을 시청하고 세계시민에 대해서 조사해 보자. 세계시민을 3개의 단어로 요약해보고 타이포그래피로 제작해 보자.

관련학과

시각디자인학과, 실내디자인학과

활용 자료의 유의점

ⓘ 금욕주의와 쾌락주의를 표현한 예술 작품을 통해서 예술가들의 생각 이해

ⓘ 동양 음악과 서양 음악을 통해서 세계 평화의 날을 기념하는 캠페인을 계획

ⓘ 세계시민과 관련된 영상을 통해서 세계시민의 뜻과 의미 파악

💬 **MEMO**

고전과 윤리

핵심키워드

☐ 대학 진학 이유 ☐ 만다라트 ☐ 결과적 정의 ☐ 절차적 정의 ☐ 편견과 선입견 ☐ 인식 개선 포스터

영역 ## 자신과의 관계

성취기준

[고윤01-01] 도덕적 주체로 살아가기 위해서 '뜻 세움'이 중요함을 알고 자신이 세운 뜻을 실현하기 위한 구체적인 계획을 수립하여 이를 실천하기 위한 방법을 제시할 수 있다. (격몽요결 - 뜻 세움과 나의 삶)

▶ 이 성취기준은 입지(立志) 즉, '뜻 세움'의 의미를 삶의 전체적인 과정과 관련지어 생각해 볼 수 있는 기회를 학생들에게 제공하고, 삶의 목표가 단순히 대학 진학이나 직업 선택에 제한되는 것이 아님을 인식하도록 설정되었다. 이를 통해 도덕적 이상을 지향하는 인격적인 삶의 뜻을 세우고 실천하기 위해 삶의 과정에서 노력하는 자세를 갖추게 하는 것을 지향하도록 한다.

탐구주제

3.고전과 윤리 — 자신과의 관계

① 예술 및 체육 분야의 대학을 진학하고 싶은 이유를 글로 작성해 보자. 대학 진학을 위한 구체적인 실천 방법을 만다라트 계획표로 작성해 보자.

관련학과
전 예체능계열

사회·공동체와의 관계

성취기준

[고윤03-03] 결과적 정의와 절차적 정의에 대해 비판적으로 탐구하고, 롤즈가 주장한 정의의 원칙에 대하여 논리적 근거와 함께 자신의 견해를 제시할 수 있다. (정의론 - 정의로운 사회를 위한 정의의 원칙)

▶ 이 성취기준의 취지는 학생들이 사회 정의(justice)의 문제에 관심을 갖는 것뿐만 아니라 정의로운 사회의 기준과 근거에 대하여 탐구하고 고전적 공리주의를 비롯한 결과로서의 공정함과 과정의 공정함에 대하여 비판적으로 탐구하는 것을 목표로 한다. 최종적으로 학생들은 현대판 정의의 원칙을 수립하여 제시하고 이 과정을 통해서 윤리적 안목을 갖출 수 있어야 한다.

탐구주제

3.고전과 윤리 — 사회·공동체와의 관계

① 결과적 정의와 절차적 정의의 개념을 정리하고, 스포츠 현장에서 나오는 결과적 정의와 절차적 정의에 해당하는 사례를 찾아 발표해 보자. 조별 토론을 통하여 그 현장에 본인이 있다면 어떻게 할 것인지에 대해 발표해 보자.

관련학과

경호학과, 공연예술학과, 무용학과, 뮤지컬학과, 체육학과, 사회체육학과, 생활체육학과, 스포츠경영학과, 스포츠건강관리학과, 스포츠과학과, 연극영화학과, 한국무용전공, 현대무용전공, 발레전공, 태권도학과

자연·초월과의 관계

성취기준

[고윤04-02] 현대 사회에서 무위자연(無爲自然)의 도(道)의 필요성을 탐구하고, 편견과 선입견에서 벗어나 사회 문제 해결을 위한 자세와 방법을 제시할 수 있다. (노자, 장자　자연의 이치에서 배우는 삶의 지혜, 편견과 선입견에서 벗어난 진정한 자유)

▶ 이 성취기준은 자연의 이치에서 삶의 지혜를 배울 수 있음을 인식하여 현대 사회에서 무위자연의 도의 필요성을 깨닫고, 자기 자신을 비롯한 우리 사회의 편견과 선입견을 인식하며 이러한 태도를 버릴 수 있도록 하는 것을 지향한다.

탐구주제

3.고전과 윤리 — 자연·초월과의 관계

① 현대 사회를 살아가는데 편견과 선입견을 버리고 다른 사람들과 협력해 나가는 것은 매우 중요하다. 편견과 선입견에서 벗어나 사회 문제를 해결하기 위한 인식 개선 포스터를 제작하고 전시해 보자.

관련학과

동양화과, 서양화과, 시각디자인학과, 실내디자인학과, 한국화전공, 회화과

(!) 대학 진학의 목표를 설정하고 구체적인 실천 방안을 작성

(!) 정의의 개념을 정확하게 이해한 후 스포츠 종목에 대입

(!) 인식 개선 포스터를 작성하면서 편견과 선입견 버리기

💬 MEMO

수학과 교과과정

수학과 1

수학

핵심키워드

☐ 미술 분야의 직선과 곡선　☐ 오케스트라　☐ 월드컵 진출 확률　☐ 16강 진출의 경우의 수

영역 ## 이차방정식과 이차함수

성취기준

[10수학01-11]　이차함수의 최대, 최소를 이해하고, 이를 활용하여 문제를 해결할 수 있다.

탐구주제

1.수학 — 이차방정식과 이차함수

① 일차함수는 직선을 나타내고, 이차함수는 곡선을 나타낸다. 미술 분야에서 직선과 곡선으로 이루어진 작품을 비교해 보고 어떤 경우에 직선과 곡선을 사용하면 좋은지 조사하여 발표해 보자.

관련학과

도예학과, 동양화과, 만화애니메이션학과, 미디어영상학과, 사진학과, 산업디자인학과, 서양화과, 서양화전공, 시각디자인학과, 실내디자인학과, 조소과, 조형예술학과

영역 ## 집합

성취기준

[10수학03-01]　집합의 개념을 이해하고, 집합을 표현할 수 있다.

[10수학03-03]　집합의 연산을 할 수 있다.

탐구주제

1 두 집합 A, B에 대하여 A에 속하거나 B에 속하는 모든 원소로 이루어진 집합을 A와 B의 합집합이라고 한다. 오케스트라 전체는 하나의 큰 악기라고 할 수 있고, 여러 가지 악기들로 구성되어 있다. 오케스트라에 사용되는 악기에 대해서 조사해 보자.

관련학과

국악과, 기악과, 성악과, 실용음악과, 음악학과, 작곡과

영역

경우의 수

성취기준

[10수학05-01] 합의 법칙과 곱의 법칙을 이해하고, 이를 이용하여 경우의 수를 구할 수 있다.

탐구주제

1 월드컵에서 자주 등장하는 우리나라의 16강 진출의 경우의 수를 승과 무승부, 패의 경우의 수에 따라 직접 계산해 보고 이에 활용되는 법칙을 알아보자.

관련학과

경호학과, 체육학과, 사회체육학과, 생활체육학과, 스포츠경영학과, 스포츠건강관리학과, 스포츠과학과, 태권도학과

활용 자료의 유의점

- ! 직선과 곡선으로 이루어진 미술 작품을 통해서 함수의 응용 분야 탐색
- ! 오케스트라에 사용되는 다양한 악기를 조사하면서 원소와 집합의 개념 이해
- ! 경우의 수에 대한 개념을 이해한 후 지금까지의 월드컵에서 우리나라의 16강 진출 경우의 수 계산

💬 **MEMO**

수학과

2

수학 I

☐ 데시벨   ☐ 소음 측정기 앱   ☐ 소리의 세기   ☐ 공공시설의 음악의 크기   ☐ 이상적 투사각도

영역 | 지수함수와 로그함수

성취기준

[12수학 I 01-07]   지수함수와 로그함수의 그래프를 그릴 수 있고, 그 성질을 이해한다.

탐구주제

2.수학 I ─ 지수함수와 로그함수

① 데시벨은 로그함수를 응용해서 소리의 세기를 표현하는 방식이다. 여러 장소(가정, 학교, 커피숍 등)에서 퍼져 나오는 음악을 들어보고, 스마트폰의 소음 측정기 앱을 사용하여 소리의 세기를 측정함으로써 장소마다 소리의 세기를 비교해 보자.

관련학과

국악과, 기악과, 성악과, 실용음악과, 음악학과, 작곡과

영역 | 삼각함수

성취기준

[12수학 I 02-01]   일반각과 호도법의 뜻을 안다.

[12수학 I 02-02]   삼각함수의 뜻을 알고, 사인함수, 코사인함수, 탄젠트함수의 그래프를 그릴 수 있다.

[12수학 I 02-03]   사인법칙과 코사인법칙을 이해하고, 이를 활용할 수 있다.

탐구주제

① 야구 외야에서의 롱토스나 육상에서 창던지기 등 스포츠에서 비행경로에 영향을 주는 여러 요인들로 궤적, 투사각, 투사 속도, 투사 높이 등이 있다. 수평거리를 구하는 공식을 알아보고, 가장 이상적인 투사각도를 구해 보자. 그리고 수학적으로 계산한 각도와 실제 선수들이 던지는 각도의 차이점에 대해 알아보자.

관련학과

경호학과, 체육학과, 사회체육학과, 생활체육학과, 스포츠경영학과, 스포츠건강관리학과, 스포츠과학과, 태권도학과

활용 자료의 유의점

ⓘ 주변 지역에서 발생하는 소리의 세기를 측정하고 로그함수를 이해

ⓘ 실제 운동경기를 시청하고 원리를 이해한 후 수학적으로 접근

💬 MEMO

수학과

3

수학Ⅱ

핵심키워드

☐ 피아노와 현의 길이 ☐ 속도와 가속도 ☐ 야구의 투구속도 측정 ☐ 스피드건 ☐ 구속 운동
☐ 벤치 조형물 ☐ 조형물의 크기와 부피

영역 ## 도함수의 활용

성취기준

[12수학Ⅱ02-09] 함수의 그래프의 개형을 그릴 수 있다.

[12수학Ⅱ02-11] 속도와 가속도에 대한 문제를 해결할 수 있다.

탐구주제

3.수학Ⅱ — 도함수의 활용

(1) 피아노는 건반을 쳐서 연주하지만, 피아노 뒤쪽에는 각 건반마다 해머가 현을 쳐서 소리가 발생한다. 피아노 뒤쪽에 숨어있는 현의 길이가 짧아질수록 어떤 소리가 발생하는지 들어보고, 수학에서 어떤 함수와 관련 있는지 토론해 보자.

관련학과
국악과, 기악과, 성악과, 실용음악과, 음악학과, 작곡과

(2) 속도와 가속도를 구하는데 필요한 요소가 무엇인지 알아보자. 야구에서 투수의 투구속도를 측정하는 스피드건의 원리를 알아보고, 우리나라 최고 구속을 가지고 있는 선수의 공의 빠르기가 어느 정도인지를 다른 운동 종목과 비교하여 발표해 보자.

관련학과
경호학과, 체육학과, 사회체육학과, 생활체육학과, 스포츠경영학과, 스포츠건강관리학과, 스포츠과학과, 태권도학과

정적분의 활용

성취기준

[12수학 II 03-05]   곡선으로 둘러싸인 도형의 넓이를 구할 수 있다.

[12수학 II 03-06]   입체도형의 부피를 구할 수 있다.

탐구주제

① 학교 휴식 공간에 포토존 벤치 조형물을 설치하려고 한다. 캐릭터 조형물은 크기나 부피에 따라 느낌이 달라질 수 있다. 학교에 설치할 캐릭터 조형물의 크기와 부피는 어떻게 하는 것이 좋을지 토론해 보자.

관련학과

조소과, 조형예술학과

활용 자료의 유의점

ⓘ 피아노 속에 있는 현에서 발생하는 소리를 통해서 수학과의 연관성 탐구

ⓘ 속도의 개념을 이해한 후 다양한 종목의 타구에 해당하는 속도를 산출

ⓘ 주변에 있는 조형물을 살펴보고 조형물의 크기와 부피를 통해서 미적인 측면 모색

💬 MEMO

4

미적분

핵심키워드

☐ 옥타브 ☐ 12개 음계 ☐ 음계와 수열의 관계 ☐ 피보나치 수열 활용 예술작품

영역 ## 수열의 극한

성취기준

[12미적01-01]	수열의 수렴, 발산의 뜻을 알고, 이를 판별할 수 있다.
[12미적01-02]	수열의 극한에 대한 기본 성질을 이해하고, 이를 이용하여 극한값을 구할 수 있다.
[12미적01-03]	등비수열의 극한값을 구할 수 있다.

탐구주제

4.미적분 — 수열의 극한

① 도레미파솔라시도에서 낮은 도에서 높은 도까지를 한 옥타브라고 한다. 한 음계는 반음을 포함하여 12개의 음계로 이루어져 있다. 음계와 관련 있는 수열을 조사해 보고, 음계와 수열의 관계를 토론해 보자.

관련학과

국악과, 기악과, 성악과, 실용음악과, 음악학과, 작곡과

② 레오나르도 피보나치는 이탈리아의 수학자로 예술 분야에도 수학적인 개념을 확장시켰다. 피보나치 수열을 활용한 예술 작품을 조사하고, 발표해 보자.

관련학과

도예학과, 동양화과, 서양화과, 시각디자인학과, 실내디자인학과, 조소과, 조형예술학과, 한국화전공, 회화과

활용 자료의 유의점

ⓘ 악보에서 옥타브와 음계를 조사하고, 수열과 음악의 관계 탐색
ⓘ 피보나치 수열이 활용된 예술 작품을 통해서 예술 분야에서 수학의 응용 사례 탐구

수학과

5

기하

핵심키워드

☐ 주변 공간의 도형   ☐ 건물의 도형과 곡선   ☐ 악보   ☐ 오선 보표   ☐ 음자리표의 곡선   ☐ 악보 구성 요소의 기능

영역 ## 이차곡선

성취기준

[12기하01-02]   타원의 뜻을 알고, 타원의 방정식을 구할 수 있다.

[12기하01-03]   쌍곡선의 뜻을 알고, 쌍곡선의 방정식을 구할 수 있다.

[12기하01-04]   이차곡선과 직선의 위치 관계를 이해하고, 접선의 방정식을 구할 수 있다.

탐구주제

5.기하 — 이차곡선

① 스마트폰 카메라를 활용하여 주변 공간이나 건물에서 찾을 수 있는 점, 선, 곡선, 면 등을 촬영해 보자. 촬영 결과를 출력한 후 출력물에서 찾을 수 있는 도형이나 곡선을 표시해 본 후 자연의 아름다움에 대해서 토론해 보자.

관련학과
도예학과, 동양화과, 서양화과, 시각디자인학과, 실내디자인학과, 조소과, 조형예술학과, 한국화전공, 회화과

영역 ## 공간도형

성취기준

[12기하03-01]   직선과 직선, 직선과 평면, 평면과 평면의 위치 관계에 대한 간단한 증명을 할 수 있다.

탐구주제

1 악보는 직선으로 되어 있는 오선 보표와 곡선으로 되어있는 음자리표 등으로 구성되어 있다. 악보를 구성하는 요소와 요소의 기능에 대해서 조사해 보자.

관련학과
국악과, 기악과, 성악과, 실용음악과, 음악학과, 작곡과

활용 자료의 유의점

- ① 점, 선, 곡선, 면 등으로 이루어진 환경을 살펴보고 자연의 아름다움 탐구
- ① 직선과 곡선으로 이루어진 악보 속에 숨어있는 기하학적 요소 탐색

💬 MEMO

수학과

수학과

6

실용 수학

핵심키워드

☐ 타이포그래피   ☐ 수식의 이차원적 표현 사례   ☐ 거울   ☐ 좌우 반전   ☐ 조형물 촬영 각도   ☐ 평면도형과 입체도형
☐ 미술품 복원 전문가   ☐ 전개도   ☐ 겨냥도   ☐ 패턴 작품   ☐ 작곡가의 역량   ☐ 관심 직업 탐색

영역 **규칙**

성취기준

[12실수01-02]	실생활에서 활용되는 수식의 의미를 이해한다.
[12실수01-03]	실생활에서 도형의 닮음이 이용되는 예를 찾고 그 원리를 이해한다.
[12실수01-04]	실생활에서 도형의 합동이 이용되는 예를 찾고 그 원리를 이해한다.
[12실수01-05]	도형의 닮음과 합동을 이용하여 산출물을 만들 수 있다.

탐구주제

6.실용 수학 — 규칙

① 타이포그래피란 활자 서체의 배열을 말하며, 문자 또는 활판적인 기호를 중심으로 한 이차원적 표현을 지칭한다. 수식이 들어가는 타이포그래피를 조사해 보고, 문자로 구성된 타이포그래피와 어떤 차이점이 있는지 조사해 보자.

관련학과
시각디자인학과, 실내디자인학과, 패션디자인학과

---

② 거울에 비친 본인의 얼굴을 사진 촬영한 후, 친구에게 다시 얼굴 사진을 촬영해 달라고 부탁하자. 친구가 촬영해 준 사진과 본인이 촬영한 좌우 반전 느낌이 어떻게 다른지 토론해 보자.

관련학과
미디어영상학과, 사진학과

공간

성취기준

[12실수02-01]	평면도형과 입체도형의 모양은 관찰하는 시각에 따라 다르게 보일 수 있음을 이해한다.
[12실수02-02]	미술 작품에서 평면 및 입체와 관련된 수학적 원리를 이해한다.
[12실수02-03]	입체도형의 겨냥도와 전개도를 다양하게 그릴 수 있다.
[12실수02-04]	겨냥도와 전개도를 이용하여 입체도형을 만들 수 있다.
[12실수02-05]	평면도형과 입체도형을 이용하여 산출물을 만들 수 있다.

탐구주제

6.실용 수학 — 공간

① 조형물을 다양한 방향에서 카메라로 촬영한 후 인쇄해 보자. 인쇄한 사진을 보면서 방향에 따라 조형물의 모습이 바뀌는 것을 관찰해 보자. 관찰 결과를 중심으로 평면도형과 입체도형의 공통점과 차이점에 대해서 토론해 보자.

관련학과
시각디자인학과, 실내디자인학과, 조소과, 조형예술학과

② 미술품 복원 전문가는 예술 작품이 훼손되었을 때는 훼손 원인을 찾아 제거하거나 조치를 취하고, 심한 경우는 복원을 실시한다. 입체도형의 전개도를 보고 겨냥도를 그려보는 활동은 예술가의 어떤 역량을 발달시킬 수 있는지 조사해 보자.

관련학과
시각디자인학과, 실내디자인학과, 조소과, 조형예술학과

자료

성취기준

[12실수03-02]	실생활 자료를 수집하고 그림, 표, 그래프 등을 이용하여 정리할 수 있다.
[12실수03-04]	목적에 맞게 자료를 수집, 정리, 분석, 해석하여 산출물을 만들 수 있다.

탐구주제

① 다양한 도형의 모양을 반복 사용하여 제작한 미술 작품을 조사해 보고, 반복적인 패턴을 활용한 작품이 미술 분야에서 어떤 평가를 받을 수 있는지 토론해 보자.

관련학과

도예학과, 동양화과, 서양화과, 시각디자인학과, 실내디자인학과, 조소과, 조형예술학과, 한국화전공, 회화과

② 작곡가는 음악을 창작하는 사람이고, 가사가 있는 또는 가사가 없는 다양한 종류의 음악을 제작한다. 주변의 다양한 자료를 수집하고, 정리하는 능력은 작곡가가 되는 데 어떤 도움이 되는지 토론해 보자.

관련학과

국악과, 기악과, 성악과, 실용음악과, 음악학과, 작곡과

③ 커리어넷과 워크넷에 접속해서 관심 있는 직업에 대한 자료를 수집해 보자. 하는 일, 적성, 흥미, 능력 등을 조사하고 분석한 후 직업의 특성을 분석해 보자. 그리고 직업의 특징을 표현할 수 있는 캐릭터를 그려 보자.

관련학과

전 예체능계열

활용 자료의 유의점

- ⚠ 실생활에 응용되는 수학적 요소를 찾아보고 예술 분야에 적용
- ⚠ 입체도형의 전개도와 겨냥도를 그리는 훈련을 통해서 입체적인 감각 함양
- ⚠ 그림, 표, 그래프 등을 이용하여 수학적 사고력 및 예술적인 재능을 발달
- ⚠ 자료를 수집, 정리, 분석, 해석하는 훈련을 통해서 희망하는 분야의 정보 습득

💬 **MEMO**

과학과 교과과정

통합과학

핵심키워드

☐ 통기타의 울림통　☐ 전자기타의 소리 발생　☐ 기타줄의 진동　☐ 스포츠 도구의 소재　☐ 운동기구 제작
☐ 다이빙 낙하 시간　☐ 천연 안료　☐ 물감 제작 과정　☐ 야외운동 응급처치　☐ 벌레 물림 응급처치

영역 **자연의 구성 물질**

성취기준

[10통과02-03]　물질의 다양한 물리적 성질을 변화 시켜 신소재를 개발한 사례를 찾아 그 장단점을 평가할 수 있다.

▶ 주기율표의 1족과 17족 원소를 통해 동족 원소는 유사한 화학적 성질을 갖는다는 것을 다룬다. 원소의
성질에 따라 주기성이 나타남을 확인하는 수준에서 다룬다.

탐구주제

1.통합과학 — 자연의 구성 물질

1 통기타는 울림통의 공기를 진동 시켜 소리가 발생하고, 전자기타는 스피커를 통해서 소리가 발생한다. 전자기타는 기타줄의 진동이 자기장의 변화를 만들어 전기신호를 발생시키고, 전기신호가 스피커에서 음파로 발생하는 것이다. 통기타와 전자기타에서 발생하는 소리가 얼마나 아름다운 소리인지 예술적인 측면에서 느낌을 비교하고, 분석해 보자.

관련학과

국악과, 기악과, 성악과, 실용음악과, 음악학과, 작곡과

2 테니스 라켓, 스키 플레이트, 자전거 등 스포츠에 사용되고 있는 소재를 분석하고, 각 소재들의 변천사를 조사해 보자. 또한 현재 사용되고 있는 첨단소재들의 장점과 연계한 기록의 변화를 표로 만들어 발표해 보자.

관련학과

경호학과, 공연예술학과, 무용학과, 뮤지컬학과, 체육학과, 사회체육학과, 생활체육학과, 스포츠경영학과, 스포츠건강관리학과, 스포츠과학과, 연극영화학과, 한국무용전공, 현대무용전공, 발레전공, 태권도학과

성취기준

[10통과03-01] 자유 낙하와 수평으로 던진 물체의 운동을 이용하여 중력의 작용에 의한 역학적 시스템을 설명할 수 있다.

▶ 물체를 자유 낙하시켰을 때와 수평으로 던졌을 때의 운동을 비교하는 활동을 통해 중력에 의한 물체의 운동을 다룬다.

탐구주제

1.통합과학 — 역학적 시스템

① 10m 플랫폼 다이빙 남, 여 선수의 낙하 시간을 계산해 보고, 야구공이 10m 높이에서 떨어지는 시간을 구해서 무게에 따른 낙하 시간의 차이를 알아보자. 그리고 자유 낙하하면서 떨어지는 시간과 기술을 구사하면서 떨어지는 시간을 비교하고, 차이가 나는 이유를 생각해 보자.

관련학과
경호학과, 공연예술학과, 무용학과, 뮤지컬학과, 체육학과, 사회체육학과, 생활체육학과, 스포츠경영학과, 스포츠건강관리학과, 스포츠과학과, 한국무용전공, 현대무용전공, 발레전공, 태권도학과

영역 **화학 변화**

성취기준

[10통과06-04] 산과 염기를 섞었을 때 일어나는 변화를 해석하고, 일상생활에서 중화 반응을 이용하는 사례를 조사하여 토의할 수 있다.

탐구주제

1.통합과학 — 화학 변화

① 천연 안료를 사용하여 수채화 물감을 만들어 보자. 물감 제작에 사용할 천연 안료를 조사하고, 물감 제작 과정을 계획해 보자. 계획대로 수채화 물감을 만든 후 하얀 도화지에 색을 칠해 보자. 수채화 물감의 제작 원리를 조사해 보고, 다양한 색을 표현하기 위한 방법을 토론해 보자.

관련학과
도예학과, 동양화과, 서양화과, 시각디자인학과, 실내디자인학과, 조소과, 조형예술학과, 한국화전공, 회화과

탐구주제

(2) 등산이나 야외운동 시 벌레에게 물렸을 때 사용하는 응급처치에 치약이나 탄산수소나트륨 수용액이 사용되는데 이 원리를 정의할 수 있는 산·염기 반응식을 알아보고, 다른 방법이 있는지 조사해 보자.

관련학과

경호학과, 공연예술학과, 무용학과, 뮤지컬학과, 체육학과, 사회체육학과, 생활체육학과, 스포츠경영학과, 스포츠건강관리학과, 스포츠과학과, 연극영화학과, 한국무용전공, 현대무용전공, 발레전공, 태권도학과

활용 자료의 유의점

- ! 악기에서 발생하는 소리를 통해서 파동의 발생 원리를 이해하고, 예술적인 측면 조사
- ! 과학적 이해를 바탕으로 관심 있는 스포츠 종목과 관련된 사례를 찾아봄으로써 과학적 원리를 이해
- ! 수채화 물감 제작 과정을 통해 과학적 원리를 이해

💬 MEMO

과학탐구실험

☐ 사운드 디자이너 ☐ 오디오 공학 ☐ 도마 공중동작 ☐ 운동동작 분석 시스템
☐ 친환경 페인트 ☐ 일반 페인트와 친환경 페인트의 장단점

영역

첨단 과학 탐구

성취기준

[10과탐03-01] 첨단 과학기술 속의 과학 원리를 찾아내는 탐구 활동을 통해 과학 지식이 활용된 사례를 추론할 수 있다.

▶ 첨단 과학기술에 포함된 기초 과학 원리를 파악하거나 첨단 과학기술을 이용한 산출물을 생성하는 탐구 활동을 진행할 수 있다. 특히 '태양광 발전을 이용한 장치 고안하기'와 '적정 기술을 적용한 장치 고안하기' 등의 활동을 통해 첨단 과학기술에 대한 이해를 바탕으로 과학 지식의 활용 방안을 파악한다.

[10과탐03-02] 첨단 과학기술 및 과학 원리가 적용된 과학 탐구 활동의 산출물을 공유하고, 확산하기 위해 발표 및 홍보할 수 있다.

▶ '신소재 개발 사례 조사하기'와 '지속 가능한 친환경 에너지 도시 설계하기' 등의 활동을 통해 첨단 과학기술을 활용하는 과학 탐구를 실행한다.

탐구주제

2.과학탐구실험 ─ 첨단 과학 탐구

① 음악은 영화, TV, 게임 등 다양한 분야에 사용된다. 각 분야의 스토리에 음악을 입히는 사람을 사운드 디자이너라고 하는데, 사운드 디자이너의 직무는 범위가 넓고 다양하다. 그중 오디오 공학에 대해서 조사해 보고, 오디오 공학에 들이있는 과학적 원리를 조사하여 발표해 보자.

관련학과

국악과, 기악과, 만화애니메이션학과, 미디어영상학과, 성악과, 실용음악과, 음악학과, 작곡과

탐구주제

② 런던올림픽 도마 금메달리스트인 양학선 선수의 도마 공중동작을 분석했던 영상을 시청해 보자. 우리나라 국가대표 선수들에게 적용되고 있는 운동동작 분석 시스템의 사례를 조사해 보고, 운동동작의 기술적인 분석이 어떻게 이루어지고 있는지 조사하여 발표해 보자.

관련학과
경호학과, 공연예술학과, 무용학과, 뮤지컬학과, 체육학과, 사회체육학과, 생활체육학과, 스포츠경영학과, 스포츠건강관리학과, 스포츠과학과, 연극영화학과, 한국무용전공, 현대무용전공, 발레전공, 태권도학과

③ 최근에는 건축을 할 때, 안전한 가정환경을 위해 비싼 가격에도 불구하고 친환경 페인트를 많이 사용하는 추세이다. 일반 페인트와 친환경 페인트의 장단점을 조사하고 발표해 보자.

관련학과
도예학과, 동양화과, 서양화과, 시각디자인학과, 실내디자인학과, 조소과, 조형예술학과, 한국화전공, 회화과

활용 자료의 유의점

- ⚠ 사운드 디자이너의 직업정보를 통해서 오디오 공학에 숨어있는 과학적 원리를 탐구
- ⚠ 스포츠에 과학을 접목해서 성과를 이루어낸 종목 중 인터뷰나 논문을 검색
- ⚠ 일반 페인트와 친환경 페인트의 장단점을 조사하면서 친환경에 대해 관심을 갖도록 노력

💬 **MEMO**

과학과
3
물리학 I

핵심키워드

☐ 스키선수 ☐ 스키 종목에 따른 플레이트의 차이 ☐ 운동량과 충격량 사용 스포츠 ☐ 악기의 소리 발생 원리
☐ 인바디 검사의 원리 ☐ 색의 합성 ☐ 감정에 어울리는 색깔

영역

역학과 에너지

성취기준

[12물리 I 01-01] 여러 가지 물체의 운동 사례를 찾아 속력의 변화와 운동 방향의 변화에 따라 분류할 수 있다.

▶ 여러 가지 물체의 운동을 속력만 변하는 경우, 운동 방향만 변하는 경우, 속력과 운동 방향이 모두 변하는 경우로 분류하게 한다.

[12물리 I 01-05] 충격량과 운동량의 관계를 이해하고, 일상생활에서 충격을 감소시키는 예를 찾아 설명할 수 있다.

탐구주제

3.물리학 I — 역학과 에너지

① 스키선수들이 사용하는 플레이트가 종목마다 약간 다른 모양으로 만들어진다. 왜 그렇게 만들어지는지를 종목의 특성과 운동의 원리를 바탕으로 분석하고 발표해 보자. 그리고 다른 스포츠 종목에서 이와 유사한 사례가 있는지 조사해 보자.

관련학과
체육학과, 사회체육학과, 생활체육학과, 스포츠경영학과, 스포츠건강관리학과, 스포츠과학과, 태권도학과

② 다양한 스포츠에서 운동량과 충격량이 적용되는 종목들의 사례를 찾아보고, 종목마다 충격량을 감소시키거나 증가시키기 위해 사용되는 방법을 분석해 보자.

관련학과
경호학과, 공연예술학과, 무용학과, 뮤지컬학과, 체육학과, 사회체육학과, 생활체육학과, 스포츠경영학과, 스포츠건강관리학과, 스포츠과학과, 연극영화학과, 한국무용전공, 현대무용전공, 발레전공, 태권도학과

파동과 정보통신

성취기준

[12물리Ⅰ03-01] 파동의 진동수, 파장, 속력 사이의 관계를 알고 매질에 따라 파동의 속력이 다른 것을 활용한 예를 설명할 수 있다.

▶ 파동의 속력 변화로 파동의 굴절을 다루고, 렌즈, 신기루 등 다양한 현상을 설명하게 한다.

[12물리Ⅰ03-04] 파동의 간섭이 활용되는 예를 찾아 설명할 수 있다.

▶ 파동의 간섭을 활용한 예로 빛이나 소리와 관련된 다양한 현상을 정성적으로 다룬다.

탐구주제

3. 물리학Ⅰ — 파동과 정보통신

① 악기는 현악기, 관악기, 타악기 등으로 분류된다. 소리는 크기, 높낮이, 맵시의 3가지 요소로 구성되는데 악기마다 다른 소리가 나는 것은 맵시가 다르기 때문이다. 현악기, 관악기, 타악기는 소리가 어떻게 발생하는지 조사해 보고, 다른 소리가 나는 이유를 분석해 보자.

관련학과
국악과, 기악과, 성악과, 실용음악과, 음악학과, 작곡과

② 체성분 분석 측정을 하기 위한 인바디 검사의 원리를 알아보고, 인바디 검사에 영향을 미치는 요인을 찾아 보자. 영향을 주는 요인에 대해 여러 가지 변수를 부여하고 측정하였을 때 체성분에 어떤 변화가 생기는지 실험해 보자.

관련학과
경호학과, 공연예술학과, 무용학과, 뮤지컬학과, 체육학과, 사회체육학과, 생활체육학과, 스포츠경영학과, 스포츠건강관리학과, 스포츠과학과, 연극영화학과, 한국무용전공, 현대무용전공, 발레전공, 태권도학과

③ 빨강, 초록, 파랑의 조명을 합성하여 다양한 색을 표현해 보자. 즐거운 장면이나 슬픈 장면일 때 감정에 따라서 어떤 색의 조명을 비추는 것이 효과적인지 토론해 보자.

관련학과
도예학과, 동양화과, 만화애니메이션학과, 미디어영상학과, 사진학과, 산업디자인학과, 서양화과, 시각디자인학과, 실내디자인학과, 조소과, 조형예술학과, 패션디자인학과, 한국화전공, 회화과

활용 자료의 유의점

ⓘ 스포츠 현장에서 나타나는 물리학적 현상들을 관심 있는 종목 위주로 찾아 분석

ⓘ 현악기, 관악기, 타악기 등의 악기를 조사하면서 소리의 3요소와 발생하는 원리를 이해

ⓘ 조명에서 나오는 빛을 통해 빨강, 초록, 파랑 등의 다양한 파장이 섞여 있다는 것을 인지 및 이해

과학과

4

물리학Ⅱ

핵심키워드

☐ 무게중심 ☐ 이상적 투구 각도 ☐ 원심력 및 구심력과 관련 있는 스포츠 ☐ 원심력 극복 방법

영역

역학적 상호 작용

성취기준

[12물리Ⅱ01-02] 무게중심에 대한 물체의 평형 조건을 정량적으로 계산하여 간단한 구조물의 안정성을 설명할 수 있다.

▶ 다양한 사례를 통해 알짜힘과 돌림힘의 관계를 정량적으로 파악하여 물체의 평형 조건을 이해하게 한다.

[12물리Ⅱ01-04] 뉴턴 운동 법칙을 이용하여 물체의 포물선 운동을 정량적으로 설명할 수 있다.

[12물리Ⅱ01-05] 구심력을 이용하여 등속 원운동을 설명할 수 있다.

탐구주제

4.물리학Ⅱ ─ 역학적 상호 작용

① 육상의 트랙경기 중 선수가 직선주로를 달릴 때와 코너를 돌 때, 체조운동 중 철봉 경기에서 선수가 착지할 때 등 다양한 상황에서 선수가 갖는 무게중심의 위치를 힘과 벡터를 적용하여 설명해 보자.

관련학과
경호학과, 공연예술학과, 무용학과, 뮤지컬학과, 체육학과, 사회체육학과, 생활체육학과, 스포츠경영학과, 스포츠건강관리학과, 스포츠과학과, 연극영화학과, 한국무용전공, 현대무용전공, 발레전공, 태권도학과

---

② 투포환 던지기나 창던지기에서 가장 멀리 던지기 위한 이상적인 투구 각도를 계산해 보자. 그리고 실제 운동을 수행하는 선수들이 생각하는 이상적인 투구 각도와 비교해보고, 차이가 있다면 왜 그렇게 생각하는지를 토론해 보자.

관련학과
경호학과, 체육학과, 사회체육학과, 생활체육학과, 스포츠경영학과, 스포츠건강관리학과, 스포츠과학과, 태권도학과

탐구주제

③ 원심력과 구심력이 나타나는 운동경기를 찾아 보자. 쇼트트랙이나 벨로드롬에서의 사이클 경기, 육상 달리기에서의 코너를 달릴 때 원심력을 이겨내기 위해 사용되는 방법을 찾아보고 과학적으로 분석해 보자.

관련학과

경호학과, 공연예술학과, 무용학과, 뮤지컬학과, 체육학과, 사회체육학과, 생활체육학과, 스포츠경영학과, 스포츠건강관리학과, 스포츠과학과, 연극영화학과, 한국무용전공, 현대무용전공, 발레전공, 태권도학과

활용 자료의 유의점

ⓘ 물리학적 개념을 정확히 이해한 후 스포츠 현장에서 적용되는 사례를 해석

ⓘ 구심력과 원심력을 이해하고, 운동경기에서 원운동을 할 때 작용하는 힘을 적용

💬 MEMO

과학과

5

화학 Ⅰ

핵심키워드

☐ 분자 모형 제작 ☐ 장대높이뛰기와 탄소섬유 ☐ 탄소섬유의 활용 사례 ☐ 주기율표 ☐ 악보의 주기적 특징

영역 **화학의 첫걸음**

성취기준

[12화학Ⅰ01-02] 탄소 화합물이 일상생활에 유용하게 활용되는 사례를 조사하여 발표할 수 있다.

▶ 일상생활에서 사용하고 있는 메테인, 에탄올, 아세트산 등과 같은 대표적인 탄소 화합물의 구조와 특징을 다루되, 결합각은 다루지 않는다. 또한 탄소 화합물의 체계적 분류, 유도체의 특성, 관련 반응, 방향족 탄화수소, 단백질, DNA 등은 다루지 않는다.

탐구주제

5.화학Ⅰ — 화학의 첫걸음

1 주변에서 사용하는 탄소 화합물은 메테인, 에탄올, 아세트산 등이 있다. 컬러공, 나사, 막대, 테이프 등 다양한 재료를 사용하여 분자 모형을 제작해 보자. 탄소 화합물 모형을 제작한 후 분자 모형을 제작하는 활동은 예술 분야에서 어떤 역량을 발달시킬 수 있는지 토론해 보자.

관련학과
시각디자인학과, 실내디자인학과, 조소과, 조형예술학과

2 육상 장대높이뛰기에서 탄소섬유를 활용하여 기록이 향상된 사례를 찾아 보고, 탄소섬유의 어떤 특성이 기록 향상에 도움이 되었는지를 과학적으로 얘기해 보자. 그리고 탄소섬유가 스포츠에 활용되고 있는 다양한 사례를 찾아 발표해 보자.

관련학과
경호학과, 체육학과, 사회체육학과, 생활체육학과, 스포츠경영학과, 스포츠건강관리학과, 스포츠과학과, 태권도학과

성취기준

[12화학Ⅰ02-05] 주기율표에서 유효 핵전하, 원자 반지름, 이온화 에너지의 주기성을 설명할 수 있다.

▶ 선사 친화노와 선기 음성노의 주기성은 나루시 않는다. 전기 음성도의 주기성은 고등학교 '화학Ⅰ'의 '화학 결합과 분자의 세계'에서 학습한다.

탐구주제

① 주기율표는 원자량, 원소의 성질, 전자배치 등에 대한 정보를 가지고 있고, 주기율표의 위치로 그 원소의 성질을 예상할 수 있다. 음악의 악보를 살펴보면 박자라는 것이 있고, 박이란 일정한 간격으로 규칙적으로 되풀이되는 움직임의 단위를 말한다. 박자에는 센박과 여린박으로 분류된다. 악보에서 주기적인 특징이 나타나는 부분을 조사하고, 토론해 보자.

관련학과
국악과, 기악과, 성악과, 실용음악과, 음악학과, 작곡과

활용 자료의 유의점

ⓘ 여러 종류의 탄소 화합물을 파악하고, 분자 모형을 제작하면서 화합물의 구조를 이해

ⓘ 도구를 이용하는 스포츠 종목을 찾아보고 최근에 과학적 기술이 적용된 사례 조사

ⓘ 주기율표의 구조를 파악하면서 원자의 성질을 이해하고, 악보에서 주기적인 특성 조사

💬 MEMO

과학과 6
생명과학 Ⅰ

핵심키워드

☐ 생체모방기술 ☐ 생체모방기술 응용 작품 ☐ 속근섬유와 지근섬유 ☐ 운동종목별 사용 근육의 차이
☐ 생태계 평형 ☐ 예술분야의 다양성

영역 ## 생명과학의 이해

성취기준

[12생과Ⅰ01-02] 생명과학의 통합적 특성을 이해하고, 다른 학문 분야와의 연계성을 예를 들어 설명할 수 있다.

▶ 생명과학이 살아있는 생명체의 특성을 다루고 있어 타 학문 분야와 차이가 있지만, 현대 생명과학 분야의 성과는 여러 학문 분야의 성과와 결합되어 나타난다는 것을 이해하도록 한다.

탐구주제

6.생명과학Ⅰ — 생명과학의 이해

① 헬리콥터는 잠자리가 비행하는 모습에 대한 연구로부터 아이디어를 얻어서 제작한 비행물체이다. 식물과 동물의 구조나 디자인에 대한 연구를 통해 아이디어를 얻은 후 새로운 물체나 장치를 개발하는 것을 생체모방기술이라고 한다. 식물과 동물의 구조나 디자인 등을 연구하여 제작한 예술 작품을 조사하고, 예술 작품의 특징을 분석해 보자.

관련학과
도예학과, 동양화과, 서양화과, 시각디자인학과, 실내디자인학과, 조소과, 조형예술학과, 한국화전공, 회화과

영역 ## 항상성과 몸의 조절

성취기준

[12생과Ⅰ03-02] 근섬유의 구조를 이해하고, 근수축의 원리를 활주설로 설명할 수 있다.

탐구주제

① 근육의 빠른 수축과 이완을 담당하는 속근섬유와 느린 수축과 이완을 담당하는 지근섬유의 차이점을 이해하고, 운동 종목별 주로 사용되는 근육의 차이를 근활주설로 설명해 보자.

관련학과

경호학과, 공연예술학과, 무용학과, 뮤지컬학과, 체육학과, 사회체육학과, 생활체육학과, 스포츠경영학과, 스포츠건강관리학과, 스포츠과학과, 연극영화학과, 한국무용전공, 현대무용전공, 발레전공, 태권도학과

영역 ## 생태계와 상호 작용

성취기준

[12생과 I 05-06] 생물 다양성의 의미와 중요성을 이해하고, 생물 다양성 보전 방안을 토의할 수 있다.

▶ 생물 다양성을 유전적 다양성, 종 다양성, 생태계(서식지) 다양성을 포괄하는 개념으로 이해시키되, '통합과학'에서 기본 개념은 다루었으므로 여기에서는 각 개념을 보다 심화하여 상세히 다루도록 한다. 생태계 평형 유지에 생물 다양성이 어떻게 기여하는지를 사례 중심으로 이해하도록 하며, 생물자원의 가치를 인식할 수 있도록 한다.

탐구주제

① 생명체는 유전이나 종의 다양성을 통해서 생태계 평형을 유지하려고 한다. 예술 분야에서도 여러 종류의 미술 작품, 다양한 장르의 음악 등이 있다. 예술 분야의 다양성은 문화가 발전하고, 예술의 수준을 높이는데 어떤 역할을 하는지 토론해 보자.

관련학과

국악과, 기악과, 도예학과, 동양화과, 만화애니메이션학과, 미디어영상학과, 사진학과, 산업디자인학과, 서양화과, 성악과, 시각디자인학과, 실내디자인학과, 실용음악과, 음악학과, 작곡과, 조소과, 조형예술학과, 패션디자인학과, 한국화전공, 회화과

활용 자료의 유의점

! 생명체의 구조나 특징을 분석하여 생체모방기술을 사용한다는 것을 이해하고, 개발된 장치나 예술 작품 조사

! 과학적 원리를 정확하게 이해한 후 종목별 주로 사용되는 근육을 종목의 특성에 대입

! 생명체는 다양성을 통해서 생태계 평형을 유지한다는 것을 이해하고, 예술 분야의 다양성 탐구

핵심키워드

☐ 탄수화물 분해   ☐ 탄수화물 분해 형태에 따른 운동법   ☐ 유산소운동과 무산소운동의 차이

영역 **세포의 특성**

성취기준

[12생과Ⅱ02-02]   탄수화물, 지질, 단백질, 핵산의 기본 구조와 기능을 설명할 수 있다.

▶ 탄수화물, 지질, 단백질, 핵산의 기본 구조와 기능은 이 물질들의 중요 특성과 역할을 이해하는 수준에서 다룬다.

탐구주제

① 탄수화물 분해의 2가지 형태를 이해하고, 탄수화물 분해형태에 따른 운동방법 2가지를 실제 운동에 적용시킨 후 각자의 사례를 발표해 보자.

관련학과

경호학과, 공연예술학과, 무용학과, 뮤지컬학과, 체육학과, 사회체육학과, 생활체육학과, 스포츠경영학과, 스포츠건강관리학과, 스포츠과학과, 연극영화학과, 한국무용전공, 현대무용전공, 발레전공, 태권도학과

활용 자료의 유의점

ⓘ 과학이론을 정확하게 이해한 후 종목별 특성과 이론이 맞는 사례를 조사

과학과 8

지구과학 I

핵심키워드

☐ 한반도의 위성 영상 ☐ 국가기상위성센터 ☐ 다양한 구조의 지질 사진
☐ 고무찰흙 이용한 지질 구조 ☐ 입체 구조물 제작

영역 ## 대기와 해양의 변화

성취기준

[12지과 I 03-01] 저기압과 고기압이 통과할 때 날씨의 변화를 일기도와 위성 영상 해석을 통해 설명할 수 있다.

▶ 온대 저기압이 편서풍대에 속하는 중위도 지역을 통과하면서 나타나는 날씨의 변화를 실제 우리나라 주변의 일기도와 관련지어 설명한다.

탐구주제
8.지구과학 I — 대기와 해양의 변화

① 국가기상위성센터(http://nmsc.kma.go.kr)에 접속한 후 한반도의 위성 영상을 찾아 보자. 가시광선, 근적외선, 수증기 등 파장별 영상을 확인하고, 일정한 시간 간격으로 영상을 캡처해서 자료를 제작해 보자. 제작한 자료를 중심으로 3일 간의 날씨 변화에 대해서 발표해 보자. 또 날씨의 변화에 따른 기록의 차이가 발생하는 이유도 조사하여 발표해 보자.

관련학과
사진학과, 만화애니메이션학과, 미디어영상학과

[12지과 I 02-02]   다양한 지질 구조의 생성 과정과 특징을 설명할 수 있다.

▶ 지각 변동에 수반된 다양한 지질 구조의 형성 과정을 이해하도록 하며, 대표적인 지질 구조(관입, 포획암, 부정합, 습곡, 단층, 절리)의 종류와 특징을 구별함과 동시에, 사진 자료를 통해 확인한다.

탐구주제

8.지구과학 I — 지구의 역사

① 관입, 포획암, 부정합, 습곡, 단층, 절리 등 다양한 구조의 지질 사진을 관찰해 보자. 관찰 결과를 중심으로 다양한 색깔의 고무찰흙을 이용해서 지질 구조를 제작해 보자. 사진을 분석해서 입체 구조물을 제작하는 능력은 예술 분야에서 어떤 역량을 기를 수 있는지 토론해 보자.

관련학과
도예학과, 시각디자인학과, 실내디자인학과, 조소과, 조형예술학과

활용 자료의 유의점

⚠ 한반도 위성의 파장별 영상을 확인하고, 일정 시간 간격의 사진을 통해서 날씨 변화를 이해
⚠ 다양한 구조의 지질 사진을 관찰한 후 다양한 색깔의 고무찰흙을 활용하여 지질 구조를 제작

💬 MEMO

과학과

9

과학사

핵심키워드

☐ 빛의 성질 ☐ 형광등의 스펙트럼 ☐ 백열전구의 스펙트럼 ☐ 소리 저장 기술
☐ 음악 저장 매체의 발달 ☐ 음악의 대중화에 끼친 영향

영역 **과학과 현대 사회**

성취기준

[12과사02-10]   빛과 색에 대한 철학적 탐구에서 전자기학 이론이 형성되기까지의 과정과 과학사적 의의를 설명할
수 있다.

탐구주제

① 고대 철학자는 빛이 물체에서 나와 사람의 눈으로 들어간다고 주장했고, 그 후 여러 과학자들에 의해서 빛의 성질과
빛이 가지고 있는 여러 가지 색에 대해서 연구를 진행했다. 가정에서 사용하는 형광등은 빨강, 초록, 파랑의 세 가지
색깔의 빛이 섞여서 백색광을 표현한다. 분광기를 사용하여 형광등의 스펙트럼을 관찰하고, 백열전구의 스펙트럼과
차이점을 비교하여 분석해 보자.

관련학과
도예학과, 동양화과, 서양화과, 시각디자인학과, 실내디자인학과, 조소과, 조형예술학과, 한국화전공, 회화과

영역 **서양 과학사**

성취기준

[12과사04-01]   과학의 역사에서 찾을 수 있는 과학과 종교, 정치, 문화 등의 연관성을 통해 사회 속에서의 과학이
갖는 역할을 토의할 수 있다.

탐구주제

① 과학기술이 발달하면서 소리를 저장하는 기술과 매체가 발달했다. 저장 매체가 카세트테이프, 레코드판, CD, MP3 파일 등으로 변화하면서 사람들은 더 쉽게 음악을 접할 수 있게 되었다. 음악을 저장하는 매체의 발달이 음악의 대중화에 어떤 영향을 주었는지 토론해 보자.

관련학과

국악과, 기악과, 만화애니메이션학과, 미디어영상학과, 성악과, 실용음악과, 음악학과, 작곡과

활용 자료의 유의점

ⓘ 가정에서 주로 빛을 발생시키는 형광등과 백열등의 스펙트럼을 통해서 빛의 성질을 이해

ⓘ 소리를 저장하는 기술과 매체의 발달로 디지털 저장 기술이 음악에 미친 영향 탐구

(💬) MEMO

10

생활과 과학

핵심키워드

☐ 운동 종목별 의복 ☐ 운동복 소재 ☐ 기능성 의복 ☐ 소방관 방화복 ☐ 운동 동작의 과학적 원리

영역 **아름다운 생활**

성취기준

[12생활02-05]	의복의 소재, 기능 등에 관련된 과학적 원리 및 개념을 설명할 수 있다.
[12생활02-08]	등산복, 운동복, 방화복, 방수복, 방탄복 등 안전과 관련된 의복의 소재 및 기능 등을 조사하고, 비교함으로써 안전 의복들의 장점과 개선점에 대해 토론할 수 있다.

탐구주제

10.생활과 과학 ─ 아름다운 생활

① 운동복 제작에 활용된 다양한 소재를 찾아보고, 운동 종목의 특성과 의복의 소재 간 관련성에 대해 연구한 논문을 찾아 보자. 소재의 어떤 특성이 최상의 경기력을 펼칠 수 있게 하는지 조사하여 발표해 보자.

관련학과
경호학과, 공연예술학과, 무용학과, 체육학과, 사회체육학과, 생활체육학과, 스포츠경영학과, 스포츠건강관리학과, 스포츠과학과, 한국무용전공, 현대무용전공, 발레전공, 태권도학과

---

② 기능성 의복은 등산복, 운동복, 방화복, 방수복, 방탄복 등 여러 종류로 분류된다. 최근에는 개인이나 특정 직업의 안전을 위해서 방화복의 기능을 개선하여 개발하고 있다. 소방관들이 착용하는 방화복의 발달과정과 특징을 조사하고, 장단점을 분석해 보자.

관련학과
시각디자인학과, 실내디자인학과, 패션디자인학과

성취기준

[12생활04-01]	스포츠, 음악, 미술, 사진, 문학 등에 관련된 과학적 원리 및 개념을 조사하고, 설명할 수 있다.
[12생활04-04]	안전, 음악 또는 미술 작품의 표절, 문화재 보존 및 복원 기술, 보안 유지, 자료·정보 유출 및 도난 방지 등을 위하여 고려해야 할 내용들과 관련된 사례들을 조사하고, 발표할 수 있다.

탐구주제

10.생활과 과학 — 문화생활

1 철인 3종 경기 중 각 종목별로 과학적 원리가 적용된 운동 동작이나 상황들을 예를 들어 설명하고, 동일한 과학적 원리가 적용된 다른 스포츠를 조사하여 발표해 보자.

관련학과
경호학과, 공연예술학과, 무용학과, 뮤지컬학과, 체육학과, 사회체육학과, 생활체육학과, 스포츠경영학과, 스포츠건강관리학과, 스포츠과학과, 연극영화학과, 한국무용전공, 현대무용전공, 발레전공, 태권도학과

2 한국저작권위원회에서 운영하는 공유마당(https://gongu.copyright.or.kr)에 접속한 후 동아리 발표회에 사용할 영상이나 음악을 다운받아서 사용하려고 한다. 공유마당에 있는 자료를 사용할 때 유의사항을 조사하고, 발표해 보자.

관련학과
국악과, 기악과, 만화애니메이션학과, 미디어영상학과, 성악과, 실용음악과, 음악학과, 작곡과

활용 자료의 유의점

① 스포츠 현장에서 적용되고 있는 종목별 특성을 이해하고, 의복과 관련된 논문을 검색

① 기능성 의복의 종류를 조사하고, 안전을 위해서 제작된 방화복의 기능에 대해서 파악

① 한국저작권위원회에서 운영하는 공유마당에 탑재되어 있는 자료를 사용하고, 유의점 탐색

💬 **MEMO**

과학과
11

융합과학

핵심키워드

☐ 아날로그 음악 ☐ 디지털 음악의 발전 ☐ 필름 카메라 ☐ 디지털 카메라 ☐ 카메라의 역사

영역 **정보통신과 신소재**

성취기준

[12융과04-01]	빛, 힘, 소리, 온도 변화, 압력 변화, 탄성파, 전자기파 등 자연계의 물리적 정보 발생 과정을 통해, 아날로그 정보와 디지털 정보의 의미와 차이를 설명할 수 있다.
[12융과04-04]	눈에서 색을 인식하는 세포의 특성과 빛의 3원색 사이의 관계를 바탕으로, LCD 등 영상표현 장치와 디지털 카메라 등 영상 저장 장치의 원리와 구조를 과학적으로 설명할 수 있다.

탐구주제

11.융합과학 — 정보통신과 신소재

① 카세트테이프와 레코드판에 저장한 아날로그 음악은 과학기술이 발달하면서 CD나 MP3 파일에 저장하는 디지털 음악으로 발전하였다. 아날로그 음악과 디지털 음악의 차이를 조사해 보고, 장단점을 분석해 보자.

관련학과
국악과, 기악과, 만화애니메이션학과, 미디어영상학과, 성악과, 실용음악과, 음악학과, 작곡과

---

② 필름 카메라는 반도체 기술이 발전함에 따라 사진 정보를 전하결합소자(CCD)를 사용하여 메모리에 저장하는 디지털 카메라로 발전했다. 사진을 촬영하는 카메라의 역사를 조사해 보고, 미래에 카메라가 어떻게 발전할지 토론해 보자.

관련학과
만화애니메이션학과, 미디어영상학과, 사진학과

활용 자료의 유의점

ⓘ 저장매체의 발전으로 아날로그 음악이 디지털 음악으로 발전했다는 것을 이해

ⓘ 필름 카메라와 디지털 카메라를 비교해 보고 과학기술의 발전에 따른 미래의 카메라를 상상해보는 활동 진행

영어과 교과과정

영어과

1

영어

핵심키워드

☐ 스포츠 경기 해설 ☐ 운동선수 영어 인터뷰 ☐ 해외 활동 선수 ☐ 음악 기술 ☐ 음악 기술의 역사와 변천 과정
☐ 예술에 대한 영어 지문 ☐ 운동 장면 영어로 글쓰기 ☐ 펠레 다큐멘터리 ☐ 운동선수 영어 인터뷰
☐ 예술의 나라 독일 ☐ 세계의 미술관 ☐ 예술작품과 Epiphany

영역 **듣기**

성취기준

[10영01-02] 친숙한 일반적 주제에 관한 말이나 대화를 듣고 주제 및 요지를 파악할 수 있다.

▶ '친숙한 일반적 주제에 관한 말이나 대화를 듣고 주제 및 요지를 파악할 수 있다'는 일상생활이나 학업과 관련된 친숙한 일반적 주제에 관한 말이나 대화를 듣고 화자가 말하고자 하는 중심 생각 및 핵심 내용을 이해할 수 있다는 의미이다. 주어진 내용에 드러난 주제나 요지를 선택하는 활동이나 화자의 주장이나 의견을 파악하는 활동 등을 할 수 있으며, 요약하여 말하거나 쓰는 활동과 연계하여 의사소통 능력을 향상시키도록 한다.

탐구주제

1.영어 — 듣기

① FIFA Classic Player의 PELÉ 다큐멘터리를 시청해 보자. 이 영상을 통해 펠레에 대해 알게 된 사실과 느낀 점을 영어로 이야기해 보자.

관련학과
경호학과, 공연예술학과, 무용학과, 체육학과, 사회체육학과, 생활체육학과, 스포츠경영학과, 스포츠건강관리학과, 스포츠과학과, 한국무용전공, 현대무용전공, 발레전공, 태권도학과

말하기

[10영02-03]   일상생활이나 친숙한 일반적 주제에 관해 자신의 의견이나 감정을 표현할 수 있다.

▶ '일상생활이나 친숙한 일반적 주제에 관해 자신의 의견이나 감정을 표현할 수 있다'는 일상생활에서의 친숙한 일반적 주제에 관해 자신의 의견을 조리 있고 설득력 있게 표현하고, 다른 사람과 효과적으로 의견이나 감정을 교환할 수 있다는 의미이다. 찬반 의견이 있는 주제에 대해 서로의 의견이나 감정을 주고받는 짝 활동, 학습자 수준에 맞는 흥미 있는 주제를 정하여 모둠별로 토론하거나 발표하는 활동을 통하여 의사소통능력을 향상시키도록 한다.

탐구주제

1.영어 — 말하기

① 자신이 좋아하는 스포츠 선수의 영어 인터뷰 영상을 찾아 시청해 보자. 인터뷰에서 가장 인상적인 질문과 답변에 대해 영어로 이야기하고, 그 이유를 영어로 이야기해 보자.

관련학과

경호학과, 공연예술학과, 무용학과, 체육학과, 사회체육학과, 생활체육학과, 스포츠경영학과, 스포츠건강관리학과, 스포츠과학과, 한국무용전공, 현대무용전공, 발레전공, 태권도학과

읽기

[10영03-01]   친숙한 일반적 주제에 관한 글을 읽고 세부 정보를 파악할 수 있다.

▶ '친숙한 일반적 주제에 관한 글을 읽고 세부 정보를 파악할 수 있다'는 일상생활이나 학업과 관련된 친숙한 일반적 주제에 관한 글을 읽고 필요한 정보를 이해할 수 있다는 의미이다. 전체적인 흐름을 대략적으로 파악하는 활동보다는 세부적이고 구체적인 정보를 찾아 파악하는 활동을 하도록 한다.

탐구주제

1.영어 — 읽기

① The Guardian의 기사 'Raw, brave, wild and honest: why Germany is Europe's greatest artistic nation'을 읽어 보자. 이 기사에서는 왜 독일이 유럽의 가장 위대한 예술 국가가 되었는지를 설명한다. 이 기사의 중심 내용을 영어로 요약하고, 자신의 생각을 영어로 작성해 보자.

관련학과

도예학과, 동양화과, 서양화과, 시각디자인학과, 조소과, 조형예술학과, 회화과

성취기준

[10영04-01] 일상생활이나 친숙한 일반적 주제에 관하여 듣거나 읽고 세부 정보를 기록할 수 있다.

> ▶ '일상생활이나 친숙한 일반적 주제에 관하여 듣거나 읽고 세부 정보를 기록할 수 있다'는 일상생활에서의 친숙한 일반적 주제에 관해 듣거나 읽고 대상이나 상황에 대한 구체적인 정보를 문장으로 기록할 수 있다는 의미이다. 대상, 상황, 그림, 사진, 도표 등에 관해 묘사 및 설명하는 글을 읽고 구체적이고 상세한 정보를 정확하게 파악하는 읽기 활동과 연계하여 의사소통능력을 신장하도록 한다.

[10영04-06] 일상생활이나 친숙한 일반적 주제에 관한 그림, 도표 등을 설명하는 글을 쓸 수 있다.

탐구주제

① 세계의 유명한 미술관에 관하여 조사해 보자. 그중 하나의 미술관을 선정하고, 그 미술관에 대한 영어 보고서를 작성해 보자.

관련학과
도예학과, 동양화과, 서양화과, 시각디자인학과, 조소과, 조형예술학과, 회화과

② Epiphany는 개안이란 뜻으로, 문학 작품에서 깨달음의 순간을 표현할 때 사용하는 용어이다. 자신이 예술 작품을 통해 Epiphany를 경험했던 경우에 대해 영어 에세이를 작성해 보자.

관련학과
전 예체능계열

활용 자료의 유의점

- ① 해외에서 활약하고 있는 우리나라 선수들의 인터뷰 영상 시청
- ① 음악 기술에 대한 지문을 찾아보고 음악 기술의 역사와 변천 과정에 대해서 조사
- ① 예술에 대한 지문을 찾아보고 학교에서 실천할 수 있는 예술 활동에 대해서 고찰
- ① 운동 장면이 나와 있는 사진이나 그림을 통해서 운동 동작을 이해하고, 글로 설명

영어과

2

영어 회화

핵심키워드

☐ 테드에드 ☐ How to read music ☐ 관심 있는 운동 종목 영어 인터뷰 ☐ 스포츠 인종차별
☐ 현대 미술 ☐ How ancient art influenced modern art

영역 | **듣기**

성취기준

[12영회01-01] 일반적 주제에 관한 말이나 대화를 듣고 세부 정보를 파악할 수 있다.

▶ '일반적 주제에 관한 말이나 대화를 듣고 세부 정보를 파악할 수 있다'는 일상생활이나 학업과 관련된
일반적 주제에 관한 말이나 대화를 듣고 말이나 대화의 주제 및 대상에 관한 세부 정보를 이해할 수 있
다는 의미이다. 다양한 듣기 전략을 사용하여 그림, 사진, 도표 등 세부 정보를 파악하는 의사소통능력
을 향상시키도록 한다.

[12영회01-04] 일반적 주제에 관한 말이나 대화를 듣고 화자의 의도나 말의 목적을 파악할 수 있다.

▶ '일반적 주제에 관한 말이나 대화를 듣고 화자의 의도나 말의 목적을 파악할 수 있다'는 일상생활이나
학업과 관련된 일반적 주제에 관한 말이나 대화를 듣고 전체적인 흐름을 이해하여 화자의 의도나 말의
목적을 이해할 수 있다는 의미이다. 화자의 의도나 목적을 파악하고, 찾아내는 학습 활동을 통하여 일
상생활에 필요한 의사소통능력을 배양하도록 한다.

탐구주제

2.영어 회화 — 듣기

① 학생용 TED 사이트 테드에드(https://ed.ted.com)에 접속해서 음악을 읽는 방법(How to read music)에 대한 영상을
찾아 보자. 영상을 시청한 후 악보를 읽거나 곡을 만드는 방법에 대한 글을 작성해 보자.

관련학과
국악과, 기악과, 만화애니메이션학과, 미디어영상학과, 성악과, 실용음악과, 음악학과, 작곡과

탐구주제

2 'Inspirational sports ads'를 검색해 보자. 검색한 광고들 중에서 자신이 친구들에게 소개하고 싶은 광고를 선정하고, 선정한 광고를 영어로 소개해 보자. 그리고 광고를 선정한 이유를 영어로 이야기해 보자.

관련학과

경호학과, 공연예술학과, 무용학과, 뮤지컬학과, 체육학과, 사회체육학과, 생활체육학과, 스포츠경영학과, 스포츠건강관리학과, 스포츠과학과, 연극영화학과, 한국무용전공, 현대무용전공, 발레전공, 태권도학과

영역 **말하기**

성취기준

[12영회02-03]	일상생활이나 친숙한 일반적 주제에 관해 자신의 의견이나 감정을 표현할 수 있다.
[12영회02-05]	일상생활이나 친숙한 일반적 주제에 관해 그림, 도표 등을 활용하여 의사소통할 수 있다.

▶ '일상생활이나 친숙한 일반적 주제에 관해 그림, 도표 등을 활용하여 의사소통할 수 있다'는 일상생활 속의 친숙한 일반적 주제에 관해 그림이나 도표 등을 활용하여 의미 교환을 할 수 있다는 의미이다. 시각 자료를 활용하거나 다양한 방법으로 의미나 정보를 표현하여 효과적인 의사소통능력을 기르도록 한다.

탐구주제

1 나이키의 인종차별 반대 광고가 반발을 불러일으키고 있다는 BBC의 기사 'Nike's diversity advert causing a backlash in Japan'을 읽어 보자. 이 광고에 대한 자신의 생각을 영어로 이야기해 보자.

관련학과

경호학과, 공연예술학과, 무용학과, 뮤지컬학과, 체육학과, 사회체육학과, 생활체육학과, 스포츠경영학과, 스포츠건강관리학과, 스포츠과학과, 연극영화학과, 한국무용전공, 현대무용전공, 발레전공, 태권도학과

---

2 현대 미술은 어디에서 영향을 받았는지 조사해 보자. 학생용 TED 사이트인 테드에드(https://ed.ted.com)에 접속해서 'How ancient art influenced modern art'에 대한 영상을 찾아 보자. 영상을 시청한 후 고대 예술이 현대 미술에 어떤 영향을 미쳤는지 영어로 발표해 보자.

관련학과

도예학과, 동양화과, 서양화과, 시각디자인학과, 실내디자인학과, 조소과, 조형예술학과, 한국화전공, 회화과

활용 자료의 유의점

- (!) 테드에드에 접속해서 영상을 시청하고, 악보를 읽거나 곡을 만드는 방법 탐색
- (!) 관심을 가지고 있는 스포츠 종목의 영어 인터뷰를 바탕으로 종목에 대한 본인의 생각 정리
- (!) 테드에드에 접속해서 영상을 시청하고, 고대 예술이 현대 미술에 끼친 영향 조사

영어과

3

영어 Ⅰ

핵심키워드

☐ 외국 뮤지션의 인터뷰   ☐ 국립현대미술관   ☐ 예술가 영어인터뷰 질문   ☐ 올림픽 영어기사   ☐ 월드컵 영어기사

영역 **듣기**

성취기준

[12영Ⅰ01-02]   일반적 주제에 관한 말이나 대화를 듣고 주제 및 요지를 파악할 수 있다.

▶ '일반적 주제에 관한 말이나 대화를 듣고 주제 및 요지를 파악할 수 있다'는 일상생활이나 학업과 관련된 일반적 주제의 말과 대화를 듣고 중심 내용을 이해할 수 있다는 의미이다. 전체적인 흐름과 전반적인 내용을 파악하여 의사소통능력을 향상시키도록 한다.

탐구주제

3.영어Ⅰ — 듣기

① 외국 뮤지션이 공연을 마친 후의 인터뷰를 동영상 사이트에서 찾아 보자. 인터뷰를 들어 보고 뮤지션이 말한 주제를 글로 작성해 보자.

관련학과

국악과, 기악과, 만화애니메이션학과, 미디어영상학과, 성악과, 실용음악과, 음악학과, 작곡과

영역 **말하기**

성취기준

[12영Ⅰ02-04]   친숙한 일반적 주제에 관한 정보를 묻고 답할 수 있다.

▶ '친숙한 일반적 주제에 관한 정보를 묻고 답할 수 있다'는 일상생활이나 학업과 관련된 친숙한 일반적 주제에 대한 필요한 정보를 교환할 수 있다는 의미이다. 파악한 정보를 전달하고 자신의 의견을 표현하되, 추가적인 정보를 얻기 위해 질문하기, 요청하기 등과 같은 의사소통 전략을 이용하여 표현할 수 있는 다양한 활동을 제시하여 의사소통능력을 향상시키도록 한다.

탐구주제

(1) 국립현대미술관에서 유명한 외국인 예술가의 작품 전시회가 있다. 예술가를 만나 영어 인터뷰를 진행한다는 가정 하에 작가에게 하고 싶은 질문을 한 문장으로 작성해 보자.

관련학과

국악과, 기악과, 도예학과, 동양화과, 만화애니메이션학과, 미디어영상학과, 사진학과, 산업디자인학과, 서양화과, 성악과, 시각디자인학과, 실내디자인학과, 실용음악과, 음악학과, 작곡과, 조소과, 조형예술학과, 패션디자인학과, 한국화전공, 회화과

영역 **읽기**

성취기준

[12영 I 03-04]   일반적 주제에 관한 글을 읽고 필자의 의도나 글의 목적을 파악할 수 있다.

▶ '일반적 주제에 관한 글을 읽고 필자의 의도나 글의 목적을 파악할 수 있다'는 일상생활이나 학업과 관련된 일반적 주제에 관한 글을 읽고 글의 의도나 목적을 파악하여 적절히 의사소통 할 수 있다는 의미이다. 함축적인 의미를 파악하고, 글의 전반적인 맥락을 이해하는 학습 활동을 통해 의사소통능력을 향상시키도록 한다.

탐구주제

(1) NBC News의 기사 'Rio 2016: Runners Abbey D'Agostino, Nikki Hamblin Show True Meaning of Olympic Spirit'을 읽어 보자. 이.기사에 나오는 두 선수의 이야기를 영어로 요약해 보고, 진정한 스포츠 정신이란 무엇인지 영어로 이야기해 보자.

관련학과

경호학과, 공연예술학과, 무용학과, 체육학과, 사회체육학과, 생활체육학과, 스포츠경영학과, 스포츠건강관리학과, 스포츠과학과, 한국무용전공, 현대무용전공, 발레전공, 태권도학과

활용 자료의 유의점

- (!) 외국 뮤지션 인터뷰를 동영상 사이트에서 찾아보고 인터뷰 내용 요약
- (!) 국립현대미술관에서 전시회를 진행한 외국인 예술가에게 인터뷰 진행을 하기 위한 질문 작성
- (!) 관심 있는 스포츠 종목 위주로 영어 기사를 찾아보고 기사의 요점 파악

영어과
4

영어 독해와 작문

핵심키워드

☐ 콘서트   ☐ 라이브 음악 공연   ☐ How to drawing body   ☐ 영어로 쓰는 진로 계획
☐ Bob Dylan   ☐ 예술기관의 인종 포괄성   ☐ 음악 진로

영역 | **읽기**

성취기준

[12영독03-01] 비교적 다양한 주제에 관한 글을 읽고 세부 정보를 파악할 수 있다.

> ▶ '비교적 다양한 주제에 관한 글을 읽고 세부 정보를 파악할 수 있다'는 일상생활이나 학업과 관련된 비교적 다양한 주제의 글을 읽고 필요한 정보를 파악할 수 있다는 의미이다. 실용문과 기초 학문의 글에서 자주 활용되는 표현을 익혀서 의사소통능력을 향상시키도록 한다.

[12영독03-02] 비교적 다양한 주제에 관한 글을 읽고 주제 및 요지를 파악할 수 있다.

> ▶ '비교적 다양한 주제에 관한 글을 읽고 주제 및 요지를 파악할 수 있다'는 일상생활이나 학업과 관련된 비교적 다양한 주제의 글을 읽고 중심 내용을 파악하여 글을 포괄적으로 이해할 수 있다는 의미이다. 실생활과 다양한 진로와 전공 분야에서 필요로 하는 읽기 능력을 향상시키도록 한다.

탐구주제

4.영어 독해와 작문 — 읽기

① 2016년 노벨문학상은 미국의 가수 Bob Dylan이 수상했다. 그가 노벨문학상을 수상할 만한 자격이 있음을 보여주는 8개의 노래를 소개하는 기사 'Eight songs that show why Bob Dylan won the Nobel Prize for Literature'를 읽어 보자. 이 기사를 읽고, 기사에 나오는 노래들을 들어본 뒤 자신의 생각을 영어로 작성해 보자.

관련학과
국악과, 기악과, 성악과, 실용음악과, 음악학과, 작곡과

탐구주제

2 예술 기관들이 직면한 인종적 포괄성 문제를 다루고 있는 The Atlantic의 기사 'American Museums Are Going Through an Identity Crisis'를 읽어 보자. 기사를 읽은 후 세부 내용을 영어로 요약하고, 이에 대한 자신의 의견을 영어로 작성해 보자.

관련학과

도예학과, 동양화과, 서양화과, 시각디자인학과, 실내디자인학과, 조소과, 조형예술학과, 한국화전공, 회화과

영역 | # 쓰기

성취기준

[12영독04-05]　　미래의 계획이나 진로 등에 관하여 글을 쓸 수 있다.

▶ '미래의 계획이나 진로 등에 관하여 글을 쓸 수 있다'는 자신의 꿈과 미래에 대한 생각이나 계획을 일관성 있게 쓸 수 있다는 의미이다. 글의 주제에 대한 사례나 적절한 근거를 들어 통일성 있는 글을 쓰도록 한다. 실생활에서 필요로 하는 쓰기 능력과 다양한 진로와 전공 분야에서 요구되어지는 쓰기 능력을 향상시키고, 자신의 생각을 자유롭게 표현하면서 창의성과 비판적 사고 능력을 함양하도록 한다.

탐구주제

1 Musictech의 기사 '6 ways to make a career in music technology'를 읽어보자. 이 기사에서 제시하는 음악 기술 방면에서 직업을 갖는 6가지 방법을 읽고, 음악과 관련된 자신의 진로 계획을 영어로 작성해 보자.

관련학과

기악과, 성악과, 실용음악과, 작곡과, 음악학과

활용 자료의 유의점

- ⚠ 위키피디아에서 Concert에 대한 지무을 찾아보고 리씨드를 할 수 있는 장소 보색
- ⚠ 구글 검색창에 'How to drawing body'를 입력하고, 인물화를 그리는 순서 학습
- ⚠ 스포츠 종목별 우리나라와 해외의 인지도나 시장 규모의 차이를 파악 및 조사

영어과

5

영어 II

핵심키워드

☐ 평창 동계올림픽 유치 연설 ☐ 김연아 영어 프레젠테이션 ☐ 영화감독 ☐ 영어 대본 ☐ 세바시 강연 후기
☐ 평창 동계올림픽 유치 연설 ☐ 르네 마그리트

영역 **듣기**

성취기준

[12영 II 01-02] 다양한 주제에 관한 말이나 대화를 듣고 주제 및 요지를 파악할 수 있다.

▶ '다양한 주제에 관한 말이나 대화를 듣고 주제 및 요지를 파악할 수 있다'는 일상생활이나 학업과 관련
된 다양한 주제의 말이나 대화를 듣고 주제나 요지와 같은 중심 내용을 이해할 수 있다는 의미이다. 전
체적인 흐름과 전반적인 내용을 파악하는 활동을 통하여 의사소통능력을 향상시키도록 한다.

탐구주제

5.영어 II — 듣기

① 2018 평창 동계올림픽 개최지 선정 프레젠테이션에 참여한 김연아 선수의 인터뷰를 듣고 김연아 선수가 말하고 싶
은 의도를 파악해 보자. 당시의 김연아 선수의 심정이 어땠을지 영어로 작성해 보자.

관련학과

경호학과, 공연예술학과, 무용학과, 체육학과, 사회체육학과, 생활체육학과, 스포츠경영학과, 스포츠건강관리학과, 스포츠과학과, 한국무용전공,
현대무용전공, 발레전공, 태권도학과

말하기

[12영 II 02-04] 비교적 다양한 주제에 관하여 상황과 목적에 맞는 의사소통 전략을 사용하여 묻고 답할 수 있다.

▶ '비교적 다양한 주제에 관하여 상황과 목적에 맞는 의사소통 전략을 사용하여 묻고 답할 수 있다'는 효과적인 의미 교환 및 전달을 위해서 의미 확인, 화제 전환, 설명 다시 요청하기 등 적절한 의사소통 전략을 선택하여 상황과 목적에 맞는 의사소통을 할 수 있다는 의미이다. 다양한 상황에서 학습자 간의 상호 작용이 활발한 모둠 활동을 통하여 효과적인 의미 협상이 일어나도록 한다.

탐구주제

5.영어 II — 말하기

1 자신이 가장 좋아하는 영화를 생각해 보고, 이 영화의 감독을 만나 인터뷰를 한다고 가정해 보자. 인터뷰 대상인 영화 감독에게 묻고 싶은 질문을 영화로 작성해 보자.

관련학과
만화애니메이션학과, 미디어영상학과, 연극영화학과

쓰기

[12영 II 04-03]   비교적 다양한 주제에 관해 자신의 의견이나 감정을 쓸 수 있다.

탐구주제

5.영어 II — 쓰기

1 르네 마그리트의 'The Treachery of Images, 1929 by Rene Magritte'를 감상해 보자. renemagritte.org에서는 이미지의 배반 그림에 대한 설명을 제시하고 있다. 이를 바탕으로 그림에서 말하는 'This is not a pipe'의 의미에 대한 자신의 생각을 영어로 작성해 보자.

관련학과
미술학과, 회화과, 미술사학과, 서양화과

활용 자료의 유의점

- ⓘ 스포츠인의 여러 주제와 관련된 인터뷰를 찾아보고 의미 분석
- ⓘ 희망하는 진로를 준비하기 위해서 관련 활동을 실시하고, 외국인과의 대화를 대본으로 작성
- ⓘ 본인의 진로를 탐색하기 위해서 관련 영상을 시청하고 배우고 느낀 점을 생각해 보기를 권장

영어과

6

실용 영어

핵심키워드

☐ KOBACO 공익광고협의회   ☐ 요즘문화   ☐ 다문화   ☐ 해외 제품 설명서
☐ 운동기구 설명서   ☐ 운동기구 사용법   ☐ 마이클 펠프스   ☐ 인포그래픽

영역 **듣기**

성취기준

[12실영01-01]   실생활 중심의 다양한 주제에 관한 방송, 광고, 안내 등을 듣고 세부 정보를 파악할 수 있다.

▶ '실생활 중심의 다양한 주제에 관한 방송, 광고, 안내 등을 듣고 세부 정보를 파악할 수 있다'는 실생활
에서 학습자들이 쉽게 접할 수 있는 다양한 주제에 관한 말이나 대화를 듣고 세부 정보를 이해할 수 있
다는 의미이다. 주변에서 흔히 들을 수 있는 방송, 광고, 안내 등에 포함된 세부 정보를 다양한 듣기 전
략을 사용하여 파악하는 학습 활동을 통하여 의사소통능력을 향상시키도록 한다.

탐구주제

6.실용 영어 — 듣기

① 올림픽 역사상 가장 많은 메달을 딴 Michael Pelps에 관한 영상 'This is What Makes Michael Phelps EXTRAORDI-
NARY'를 시청해 보자. 이 영상에서는 마이클 펠프스가 성공할 수 있었던 10가지 이유를 이야기하고 있다. 이 영상을
보고 느낀 점을 자신의 진로와 연관 지어 영어로 이야기해 보자.

관련학과

체육학과, 체육교육과, 사회체육학과, 스포츠학과

말하기

성취기준

[12실영02-05] 실생활 중심의 다양한 주제에 관해 그림, 도표, 서식 등을 활용하여 설명할 수 있다.

▶ '실생활 중심의 다양한 주제에 관해 그림, 도표, 서식 등을 활용하여 설명할 수 있다'는 실생활 중심의 다양한 주제에 관해 그림, 도표, 서식 등을 활용하여 의미 교환을 할 수 있다는 의미이다. 시각 자료를 활용하거나 다양한 방법으로 의미나 정보를 표현하여 효과적인 의사소통능력을 기르도록 한다.

탐구주제

6. 실용 영어 — 말하기

① 워크넷의 검색창에 '인포그래픽으로 보는 학과정보'를 입력한 후 '인포그래픽으로 보는 학과정보.pdf' 파일을 다운받은 후 읽어보자. 관심 있는 학과의 인포그래픽을 분석하고, 관련 학과의 적성이나 흥미를 영어로 작성한 후 발표해 보자.

관련학과
전 예체능계열

읽기

성취기준

[12실영03-01] 실생활 중심의 다양한 주제에 관한 광고, 안내문 등을 읽고 세부 정보를 파악할 수 있다.

▶ '실생활 중심의 다양한 주제에 관한 광고, 안내문 등을 읽고 세부 정보를 파악할 수 있다'는 실생활에서 학습자들이 쉽게 접할 수 있는 다양한 주제에 관한 글을 읽고, 세부 정보를 이해할 수 있다는 의미이다. 주변에서 흔히 볼 수 있는 광고, 안내문 등에 포함된 세부 정보를 다양한 읽기 전략을 사용하여 파악하는 학습 활동을 통하여 의사소통능력을 향상시키도록 한다.

탐구주제

6. 실용 영어 — 읽기

① 해외에서 만들어진 제품 중 우리나라에서 사용되고 있는 운동기구의 설명서를 읽고, 쉽게 사용할 수 있는 사용설명서를 한글로 만들어 보자.

관련학과
경호학과, 공연예술학과, 무용학과, 뮤지컬학과, 체육학과, 사회체육학과, 생활체육학과, 스포츠경영학과, 스포츠건강관리학과, 스포츠과학과, 연극영화학과, 한국무용전공, 현대무용전공, 발레전공, 태권도학과

활용 자료의 유의점

- ⚠️ 공익광고협의회에서 제작한 공익광고 중 다문화에 관련된 영상을 시청하고, 생각 정리
- ⚠️ 워크넷에 있는 학과정보 안내 자료를 통해서 희망하는 진로에 대한 정보를 글로 작성
- ⚠️ 주변에서 찾아볼 수 있는 운동 기구나 운동 방법과 관련된 영어 설명서 해석

💬 MEMO

영어권 문화

핵심키워드

☐ 유명경기의 미국 해설가 ☐ 미국 해설가의 해설 방법과 태도 ☐ 국립음악원 ☐ 국악연주단
☐ 미술관의 디지털 전시 ☐ 뮤지컬의 역사 ☐ 인포그래픽

영역 **듣기**

성취기준

[12영화01-01] 영어권 문화에 관한 말이나 대화를 듣고 생활양식, 풍습, 사고방식 등을 파악할 수 있다.

> ▶ '영어권 문화에 관한 말이나 대화를 듣고 생활양식, 풍습, 사고방식 등을 파악할 수 있다'는 영어권 문화에 대한 말이나 대화를 듣고 문화적 맥락에서 세부 정보를 파악하여 목적, 상황, 형식에 맞게 의사소통할 수 있다는 의미이다. 화자의 말을 경청하여 다양한 세부 정보를 이해하는 학습 활동을 통하여 실생활에 적용할 수 있도록 한다.

탐구주제

7.영어권 문화 — 듣기

① 메이저리그나 NBA 같은 유명경기를 미국 해설가가 해설하는 영상과 우리나라 해설가가 해설하는 영상을 보면서 해설하는 방법이나 상황별 인식하는 태도의 차이점은 없는지 분석해 보자.

관련학과
경호학과, 공연예술학과, 무용학과, 뮤지컬학과, 체육학과, 사회체육학과, 생활체육학과, 스포츠경영학과, 스포츠건강관리학과, 스포츠과학과, 연극영화학과,
한국무용전공, 현대무용전공, 발레전공, 태권도학과

성취기준

[12영화02-03]　영어권 문화와 우리 문화를 비교·대조하여 서로의 의견을 주고받을 수 있다.

> ▶ '영어권 문화와 우리 문화를 비교·대조하여 서로의 의견을 주고받을 수 있다'는 영어를 사용하는 국가들의 문화와 우리 문화를 비교·대조하여 서로의 생각이나 의견을 교환할 수 있다는 의미이다. 영어를 사용하는 사람들의 문화와 우리의 문화를 비교·대조하고, 공통점과 차이점을 찾아내어 발표하는 학습 활동을 통하여 타 문화에 대한 유용한 정보를 파악하고, 타 문화와 관련된 폭넓은 체험을 통해 유연하고 개방적인 사고를 신장시키도록 한다.

탐구주제

7.영어권 문화 — 말하기

① 국립국악원에서 운영하는 국악연주단은 우리나라 전통문화를 전 세계에 알리기 위해서 많은 노력을 하고 있다. 국립국악원에서 운영하는 4개 예술단을 조사하고, 국립국악원을 외국에 알릴 수 있는 간단한 소개 자료를 영어로 작성해 보자.

관련학과

국악과, 기악과, 성악과, 실용음악과, 음악학과, 작곡과

성취기준

[12영화04-03]　영어권 문화에 관해 자신의 의견이나 감정을 쓸 수 있다.

탐구주제

7.영어권 문화 — 쓰기

① 뮤지컬(Musical)이란 줄거리와 음악적 요소가 균형 있게 조합된 오페라의 일종으로 노래와 무용, 연극이 조화를 이룬 현대적 음악극을 말한다. 뮤지컬의 역사, 극장, 유명한 뮤지컬 소개 등 하나의 주제를 선정하여 조사한 후, 이에 관한 영어 인포그래픽을 작성해 보자.

관련학과

국악과, 기악과, 성악과, 실용음악과, 음악학과, 작곡과

활용 자료의 유의점

⚠ 관심 분야의 스포츠에 해당하는 영어 인터뷰나 해설을 찾아보고 영미 문화와 우리 문화의 차이점 조사

⚠ 우리나라의 음악을 세계에 알리기 위해서 국립국악원에서 운영하는 국악연주단에 대한 자료 작성

⚠ 구글 아트앤컬쳐에 접속해서 영어권 미술 작품을 감상하고, 작품의 의미와 가치를 평가

영어과

8

진로 영어

핵심키워드

☐ 발레를 소재로 한 영화   ☐ 완벽함을 위한 노력   ☐ 진로정보 조사   ☐ 대입정보포털
☐ 스포츠 경영   ☐ 스포츠 과학   ☐ 큐레이터

영역 | 듣기

성취기준

[12진영01-01]   다양한 직업 및 진로에 관한 말이나 대화를 듣고 세부 정보를 파악할 수 있다.

▶ '다양한 직업 및 진로에 관한 말이나 대화를 듣고 세부 정보를 파악할 수 있다'는 일상생활에서의 다양
한 직업 및 진로에 관한 말이나 대화를 듣고 구체적인 세부 사항을 이해할 수 있다는 의미이다. 학습자
들이 미래에 가질 수 있는 다양한 직업 및 진로에 관한 말이나 대화 속의 구체적인 세부 정보를 정확히
파악하고 찾아내는 학습 활동을 통하여 효율적인 듣기를 위한 다양한 전략을 익히고 특정 상황에서의
문제 해결 능력을 향상시키도록 한다.

탐구주제

8.진로 영어 — 듣기

① 'Billy Elliot', 'Black Swan', 'The Company'는 모두 발레를 소재로 한 영화들이다. 이 중에서 한 영화를 감상한 후, 'Hard working for perfection(완벽을 위한 노력)'을 주제로 짧은 영어 에세이를 작성해 보자.

관련학과
전 예체능계열

성취기준

[12진영02-06]   다양한 직업 및 진로에 필요한 인터뷰를 적절하게 수행할 수 있다.

▶ '다양한 직업 및 진로에 필요한 인터뷰를 적절하게 수행할 수 있다'는 일상생활에서의 다양한 직업 및 진로 분야에서 인터뷰를 성공적으로 수행할 수 있다는 의미이다. 향후 자신들의 직업 및 진로 분야의 면접 상황이나 성공한 사람과의 인터뷰를 할 때 자신의 생각을 적절하게 표현하는 활동을 통해 자신 있게 의사소통을 할 수 있도록 한다.

탐구주제

(1) 대입정보포털 어디가(http://www.adiga.kr)의 '진로정보/직업정보' 메뉴에 들어가 관심 있는 직업에 대해 하는 일, 교육, 능력, 흥미 등의 정보를 조사해 보자. 조사한 분야의 전문가라고 가정하고, '진로를 희망하는 학생들을 위한 충고(The advice for the aspiring students)'를 주제로 영어 스피치 대본을 작성한 뒤, 암기하여 연설해 보자.

관련학과

전 예체능계열

(2) 운동선수나 체육 진로와 관련하여 영어권 나라를 방문하였을 때, 원활한 업무 수행을 위해 필요한 대화 내용을 만들어 보고 발표해 보자.

관련학과

경호학과, 공연예술학과, 무용학과, 뮤지컬학과, 체육학과, 사회체육학과, 생활체육학과, 스포츠경영학과, 스포츠건강관리학과, 스포츠과학과, 연극영화학과, 한국무용전공, 현대무용전공, 발레전공, 태권도학과

성취기준

[12진영03-01]   다양한 직업 및 진로에 관한 글을 읽고 세부 정보를 파악할 수 있다.

▶ '다양한 직업 및 진로에 관한 글을 읽고 세부 정보를 파악할 수 있다'는 일상생활에서의 다양한 직업 및 진로를 소개하거나 설명하는 글을 읽고 필요한 정보를 파악할 수 있다는 의미이다. 학습자들이 미래에 가질 수 있는 다양한 직업 및 진로에 관한 글에 나타나 있는 세부 사항을 파악하는 학습 활동을 통해 학습자들이 자신들의 흥미와 적성에 맞는 직업 및 진로를 탐구할 수 있는 기회를 제공하도록 한다.

탐구주제

1 미국의 예술 매체인 Artnetnews의 기사 'Art Demystified: What Do Curators Actually Do?'를 읽어보자. 이 기사를 읽고, 큐레이터들의 역할과 영향력에 대하여 알게 된 사실을 영어로 이야기해 보자. 이와 관련하여 다른 기사들을 읽고, 자신의 관심 분야를 확장시켜 보자.

관련학과
미술학과, 서양화과, 미학과, 미술사학과, 조소학과, 디자인학부, 회화과, 판화과

활용 자료의 유의점

- ⚠ 꿈에 도전하는 영상을 시청하고, 본인의 진로를 준비하기 위해서 노력해야 할 것을 생각
- ⚠ 직업 정보 안내 사이트에서 희망하는 분야의 직업 정보를 탐색하고, 그 분야에 진출하고 싶은 이유 고민
- ⚠ 미국 학생선수의 대학진학을 위해 해야 하는 고등학교 활동을 찾아보고, 우리나라 학생선수와 비교
- ⚠ 운동 종목별 해외에서 주로 사용되는 용어와 문장을 파악하고 정리

💬 **MEMO**

영미 문학 읽기

핵심키워드

☐ James Joyce　　☐ 젊은 예술가의 초상　　☐ 스포츠 소설

영역 **읽기**

성취기준

[12영문03-03]　문학 작품을 읽고 줄거리, 주제, 요지를 파악할 수 있다.

▶ '문학 작품을 읽고 줄거리, 주제, 요지를 파악할 수 있다'는 문학 작품을 읽고 전체적인 흐름을 이해하여 중심 내용을 파악하는 능력을 기른다는 의미이다. 문학 작품을 읽으면서 줄거리를 정리하고, 주제나 요지를 파악하는 활동을 통해 문학 작품을 이해하고 감상하는 능력을 기르도록 한다.

탐구주제

9.영미 문학 읽기 — 읽기

① James Joyce의 소설 「젊은 예술가의 초상(A Portrait of the Artist as a Young Man)」을 읽어보자. 이 소설은 주인공이 유년 시절부터 청년 시절을 거치면서 예술적 자아를 찾아가는 이야기이다. 이 소설은 의식의 흐름 기법으로 쓰여졌기 때문에 이해하기 어려울 수 있다. 이 소설을 읽으면시 이려웠던 점과 인상 깊었던 장면들에 대해 친구들과 함께 이야기해 보자. 그리고 이 소설을 읽고 느낀 점을 영어로 이야기해 보자.

관련학과
전 예체능계열

쓰기

성취기준

[12영문04-05] 문학 작품을 읽고 감상이나 비평하는 글을 쓸 수 있다.

탐구주제

9.영미 문학 읽기 — 쓰기

① lithub.com의 기사 'Here are the greatest novels ever written about every sport'에서는 다양한 스포츠를 주제로 한 소설들을 소개하고 있다. 이 기사에서 소개하는 스포츠 소설을 읽고, 느낀 점 또는 좋은 스포츠 소설의 요건에 대해 영어로 이야기해 보자.

관련학과

스포츠학과, 사회체육학과, 체육학과, 체육교육과

활용 자료의 유의점

⚠ 영미 문학을 선정하여 작품을 읽어본 후 문학 작품 속에 등장하는 인물 중 인상 깊은 인물의 대화를 작성

⚠ 영미 문학을 읽어보고 작품 속에 등장하는 인물, 발생한 사건, 사건이 일어난 시간 등의 정보를 파악

💬 MEMO

음악과 교과과정

음악과

1

음악

핵심키워드

☐ 창의적 악기 연주　☐ 바이올리니스트의 연주와 이야기 병행 공연　☐ 영화 배경음악　☐ 영화 장르별 배경음악의 차이
☐ 자세에 따른 소리의 차이　☐ 저작권 침해　☐ 악곡　☐ 트로트　☐ 대중음악 장르
☐ 민요　☐ 지역 축제 음악　☐ 퓨전국악 공연

영역 ｜ **표현**

성취기준

[12음01-01]	악곡의 특징을 이해하며 개성 있게 노래 부르거나 악기로 연주한다.
[12음01-02]	악곡의 종류에 어울리는 신체 표현을 한다.

▶ 노래를 부르거나, 여러 가지 악기로 연주하고, 악곡의 종류에 어울리는 신체 표현을 하는 등 다양한 방법으로 음악을 표현하도록 한다. 이때 악곡에 포함된 고등학교 수준의 음악 요소를 활동과 연계하여 학습하면서 음악 개념을 형성하도록 한다. 노래 부르거나 악기를 연주할 때에는 악곡의 특징을 살려 자신만의 느낌으로 창의적으로 표현하도록 한다.

[10음01-03]	음악의 구성을 이해하여 음악 작품을 만든다.
[10음01-04]	다양한 예술에 어울리는 음악 작품을 만든다.

▶ 악곡의 구성 요소를 이해하고 활용하여 자신의 생각이나 느낌을 음악 작품으로 만들어 표현한다. 그리고 연극, 영화(영상), 춤 등 다른 예술과 연계하여 음악 작품을 만들어 표현하도록 한다.

[10음01-05]	바른 자세와 호흡 및 정확한 발음으로 노래 부르거나 악기에 따른 연주법을 익혀 표현한다.

▶ 바른 자세와 호흡, 정확한 발음으로 노래하여 음악적 표현을 풍부하게 하고, 노랫말의 의미를 정확하게 전달하도록 한다. 또한 악기를 연주할 때 악기에 따른 연주법을 익혀 연주하도록 한다.

탐구주제

① 2013년 TED 강연에서 한 한국인 바이올리니스트가 바이올린 연주와 이야기를 병행해서 공연한 것은 인상 깊은 장면이었다. 악기 연주를 할 때 자신만의 방법을 사용해서 창의적으로 표현할 수 있는 방법을 생각하여 발표해 보자.

관련학과

국악과, 기악과, 성악과, 실용음악과, 음악학과, 작곡과

② 영화에서 노래와 음악은 장면에 어울리도록 작곡, 작사가 돼 영화를 관람하는 사람들이 그 장면에 더 몰입할 수 있게 돕는다. 영화의 장르(멜로, 코미디, 액션, 판타지, 누아르, 스릴러 등)에 따라서 배경 음악이 어떻게 다른지 조사하여 분류하고, 그 효과를 정리해 보자.

관련학과

국악과, 기악과, 성악과, 실용음악과, 음악학과, 연극영화학과, 작곡과

③ 노래할 때는 부르는 자세나 호흡에 따라서 발생하는 소리에 차이가 있다. 앉은 자세, 서 있는 자세 등 다양한 자세로 노래를 불러서 녹음한 후 소리를 들어보고, 어떤 차이가 있는지 토론해 보자.

관련학과

국악과, 성악과, 뮤지컬학과

영역 # 감상

성취기준

[12음02-01] 고등학교 수준의 음악 요소와 개념을 구별하여 표현한다.

▶ 악곡에서 고등학교 수준의 음악 요소와 개념을 구별하고 분석하여 소리, 언어, 그림, 신체, 매체 등 다양한 방식으로 표현하도록 한다.

[12음02-02] 다양한 종류의 음악을 듣고 음악의 특징을 비교하여 설명한다.

▶ 서로 다른 시대, 문화권, 장르 등의 음악을 듣고 음악이 형성된 배경과 음악적 특징을 이해하고, 이를 비교할 수 있도록 한다.

[12음02-03] 다양한 시대의 음악을 듣고 역사·문화적 배경과 관련지어 음악의 특징을 비교하여 설명한다.

▶ 음악은 그 시대의 정서와 정신을 반영한 문학, 사회, 역사, 종교, 철학 등과 밀접한 관계 속에서 만들어진다. 따라서 다양한 시대의 음악의 특징을 그 음악이 속한 역사·문화적 배경과 관련하여 이해하고, 비교하여 설명하도록 한다.

탐구주제

(1) 최근에 저작권이 있는 악곡을 유명 동영상 앱에서 정당한 대가를 지불하지 않은 채 사용해서 논란이 되고 있다. 본인이 관심 있는 매체에서 저작권을 침해하지 않고 악곡을 사용할 수 있는 방법을 조사해 보자.

관련학과
국악과, 기악과, 만화애니메이션학과, 미디어영상학과, 성악과, 실용음악과, 음악학과, 작곡과

(2) 트로트는 1930년대 중반에 정착되었으나 1960년대 스탠더팝이나 포크 등이 출현하면서 쇠락한 대중가요의 한 장르이다. 트로트는 새로운 양식들과의 혼용을 통해 계속 생명력을 유지하였으며, 최근에는 그 인기가 다시 높아지고 있다. 우리나라 대중음악을 장르별로 조사해 보고, 시대별로 가장 인기가 있었던 장르를 비교하고 분석해 보자.

관련학과
국악과, 기악과, 만화애니메이션학과, 미디어영상학과, 성악과, 실용음악과, 음악학과, 작곡과

(3) 음악은 문학, 사회, 역사, 종교, 철학 등과 연결되어 발전하고, 민요는 민중들 사이에서 저절로 생겨나서 전해지는 노래이다. 본인이 거주하는 지역의 민요를 찾아보고 문학, 사회, 역사, 종교, 철학 등과 어떤 관련이 있는지 토론해 보자.

관련학과
국악과, 기악과, 성악과, 실용음악과, 음악학과, 작곡과

영역 **생활화**

성취기준

[12음03-01] 음악과 관련된 다양한 행사에 참여하고, 행사에 대해 평한다.

▶ 지역사회 축제, 교내외 행사 및 축제, 국가 의식 및 행사 등에 참여하여 행사에 사용된 음악의 역할과 기능에 대해 평하도록 한다.

[12음03-02] 음악과 관련된 직업에 대해 조사하여 발표한다.

▶ 음악의 사회적 기능과 가치를 이해하고, 음악과 관련된 다양한 직업의 세계를 탐색하여 음악 관련 직업에 대해 기대와 긍지를 갖도록 한다.

[12음03-03] 국악을 계승하고, 발전시킬 수 있는 방안에 대해 발표한다.

▶ 국악을 계승하고, 발전시킬 수 있는 방안에 대하여 투의하여 발표하도록 한다.

탐구주제

① 지방자치단체는 해마다 그 지역을 홍보하기 위해서 축제를 주관하고, 다양한 공연을 실시한다. 본인이 사는 지역이나 관심 있는 지역에서는 지역 축제에 어떤 음악을 주로 사용하는지 조사해 보자.

관련학과
국악과, 기악과, 성악과, 실용음악과, 음악학과, 작곡과

② 대입정보포털 어디가(www.adiga.kr)에 접속한 후 직업정보에 들어가 음악과 관련된 직업을 검색해 보자. 관심 있는 직업을 선택해서 관련학과, 관련자격, 훈련정보 등을 조사하고 발표해 보자.

관련학과
국악과, 기악과, 만화애니메이션학과, 뮤지컬학과, 미디어영상학과, 성악과, 실용음악과, 음악학과, 작곡과

③ 우리나라 고유의 음악인 국악을 계승하고 발전시키기 위해서 많은 사람들이 노력하고 있고, 이를 위해 퓨전국악 공연이 시도되고 있다. 국악기와 서양악기를 찾아보고, 서로 어울릴 수 있는 악기는 어떤 것이 있을지 토론해 보자.

관련학과
국악과, 기악과, 실용음악과, 음악학과, 작곡과

활용 자료의 유의점

- ⚠ 악기를 연주할 때 악곡의 특징을 살려서 창의적으로 표현하는 방법 고안
- ⚠ 노래를 부를 때 자세에 따라 소리가 달라지므로 바른 자세와 정확한 발음으로 연습
- ⚠ 시대에 따라서 사람들이 선호하는 장르가 있다는 것을 이해하고, 시대별 인기 장르 탐색
- ⚠ 대입정보포털 어디가에 접속해서 음악과 관련된 직업, 관련학과, 관련 자격, 훈련 등을 조사
- ⚠ 국악을 계승하고 발전시키기 위해서 국악기와 서양악기의 유사점을 찾아보고 분석

💬 **MEMO**

음악과

2

음악 연주

핵심키워드

☐ 악기 연주 자세 ☐ 바로크 음악 ☐ 비발디의 사계 ☐ 기악의 연주 형태 ☐ 서양악기 ☐ 국악기 종류
☐ 악기별 연주 유의사항 ☐ 연주회 감상 예절 ☐ 연주 감상 및 평가 ☐ 평가 채점표 기준

영역 **연주**

성취기준

[12음연01-01]	바른 발성, 호흡, 주법, 태도로 연주한다.
[12음연01-02]	악곡의 요소와 개념을 이해하여 창의적으로 표현한다.
[12음연01-03]	다양한 연주 형태의 특성을 이해하고, 표현한다.

탐구주제

2.음악 연주 — 연주

(1) 악기를 연주하는 모습을 동영상으로 촬영하고, 동영상을 보면서 연주하는 자세가 올바른지 분석해 보자. 분석한 결과를 토대로 바른 자세로 연주하려면 어떻게 해야 하는지 토론해 보자.

관련학과
국악과, 기악과, 미디어영상학과, 성악과, 실용음악과, 음악학과, 작곡과

(2) 바로크 음악의 거장 안토니오 비발디의 사계를 감상해 보자. 봄, 여름, 가을, 겨울 중 하나의 계절을 선택하여 어떻게 표현했는지 분석해 보고, 창의적으로 표현하는 연주 방법에 대해서 토론해 보자.

관련학과
기악과, 성악과, 실용음악과, 음악학과, 작곡과

(3) 악기나 곡의 종류의 따라서 혼자서 연주할 수도 있고, 여러 연주자가 같이 할 수도 있다. 기악의 연주 형태를 분류하고, 연주 형태별 특징을 조사하여 추천곡을 작성해 보자.

관련학과
국악과, 기악과, 성악과, 실용음악과, 음악학과, 작곡과

성취기준

[12음연02-01]	발표 예절에 대해 이해하고, 발표 예절을 지켜 연주한다.
[12음연02-02]	바람직한 태도로 다른 사람의 연주를 관람한다.
[12음연02-03]	자신 및 다른 사람의 연주를 듣고 연주자의 표현 능력 및 태도에 대해 분석하고, 비평한다.

탐구주제

2.음악 연주 ─ 비평

① 서양악기와 국악기의 종류와 악기별 연주할 때의 유의사항을 조사해 보자. 악기의 종류에 따라 연주하는 바른 자세를 연구해 보자.

관련학과
국악과, 기악과, 성악과, 실용음악과, 음악학과, 작곡과

② 교내 축제에서 음악동아리 연주회를 관람하고, 감상할 때의 예절에 대해 토론해 보자. 토론 결과를 중심으로 공연 감상 예절 교육 자료를 파워포인트로 작성해 보자.

관련학과
국악과, 기악과, 만화애니메이션학과, 미디어영상학과, 성악과, 실용음악과, 음악학과, 작곡과

③ 다른 사람의 연주를 감상할 때 평가할 기준을 작성해 보자. 각자가 정한 기준을 바탕으로 모둠별 토론을 통해서 평가 항목, 항목별 배점, 채점 기준을 제시하여 채점표를 만들어 보자.

관련학과
국악과, 기악과, 성악과, 실용음악과, 음악학과, 작곡과

활용 자료의 유의점

ⓘ 악기를 연주하는 모습을 동영상으로 촬영한 후 영상을 통해서 본인의 연주 자세 확인

ⓘ 안토니오 비발디의 사계를 감상하고, 각 계절을 창의적으로 표현하는 연주 방법 고민

ⓘ 서양악기와 국악기의 종류를 조사하고, 악기에 따른 바른 연주 자세 조사

ⓘ 연주회를 감상할 때 예절을 토론해보고 파워포인트로 공연 감상 예절 교육 자료 제작

음악 감상과 비평

핵심키워드

☐ 시대별 음악과 문화적 배경　☐ 국내 활동 작곡가　☐ 감상과 비평의 가치　☐ 선호 장르 음악
☐ 아날로그 음악　☐ 디지털 음악

영역 | **감상**

성취기준

[12감비01-01]	여러 시대의 음악을 듣고 시대별 음악의 특징에 대해 설명한다.
[12감비01-02]	다양한 문화적 배경을 지닌 음악을 비교하여 듣고 토론한다.
[12감비01-03]	음악을 듣고 작곡가나 연주자의 음악적 표현 특성에 대해 설명한다.
[12감비01-04]	음악 작품이 지닌 음악적 의도와 특징을 이해하여 설명한다.

탐구주제

3.음악 감상과 비평 — 감상

1 여러 시대별 음악과 그 시대의 문화적 배경을 조사해 보자. 조사한 자료 중 자신이 관심 있는 시대를 선정하고, 대표적인 음악에 대한 느낌을 발표해 보자.

관련학과
국악과, 기악과, 성악과, 실용음악과, 음악학과, 작곡과

2 현재 국내에서 활발히 활동하고 있는 피아니스트를 조사하여 연주 장면을 감상해 보자. 그리고 연주자의 음악적 표현(힘의 이동, 릴릭스, 곡의 셈여림, 기술적 테크닉 등)을 중심으로 비평해 보자.

관련학과
기악과, 실용음악과, 음악학과, 작곡과

3 자신이 좋아하는 음악 작품을 선정하고 감상한 후 감상문과 비평문을 작성해 보자. 이를 바탕으로 감상과 비평의 중요성과 가치에 대해서 토론해 보자.

관련학과
국악과, 기악과, 성악과, 실용음악과, 음악학과, 작곡과

[12감비02-01]   음악과 관련한 다양한 가치를 비판적 사고를 바탕으로 해석하고 평가한다.

[12감비02-02]   다양한 음악에 대한 비평의 의의를 조사하여 발표한다.

탐구주제

3.음악 감상과 비평 — 비평

① 오페라, 뮤지컬, 판소리 등 무대 음악이 주는 감동은 각각 다르다. 다른 나라의 음악과 국악을 함께 비교하여 감상하고, 분위기나 악곡을 조사하여 비평문을 써보자.

관련학과

국악과, 기악과, 성악과, 실용음악과, 음악학과, 작곡과

② 공연장에서 연주되거나 재생되는 음악은 주로 아날로그 음악이고, 가정에서 많이 듣고 있는 CD나 MP3 파일로 재생되는 음악은 디지털 음악이다. 아날로그 음악과 디지털 음악의 분위기를 비교하고 차이점을 토론해 보자.

관련학과

국악과, 기악과, 만화애니메이션학과, 미디어영상학과, 성악과, 실용음악과, 음악학과, 작곡과

활용 자료의 유의점

- ! 시대별 음악과 문화적 배경을 조사한 후 관심 있는 음악의 문화적 배경을 이해하고 감상
- ! 국내에서 활동하는 작곡가를 조사하고, 그 작곡가의 음악적 표현을 분석
- ! 관심 있는 장르의 음악을 선정하여 감상해보고 감상 결과를 정리하여 글로 작성

💬 MEMO

미술과 교과과정

미술과

1

미술

핵심키워드

☐ 장점 표현   ☐ 푸드스타일리스트   ☐ 창의적 표현 발상 방법   ☐ 평면 조형과 입체 조형   ☐ 조형 요소와 원리
☐ 예술 작품의 표현 재료   ☐ 나라별 미술 작품의 발전   ☐ 예술 작품 감상

영역 | **체험**

성취기준

| [12미01-01] | 자신의 내면세계를 인식하고 외부세계와 조화를 이룰 수 있는 방안을 모색할 수 있다. |
| [12미01-04] | 다양한 직업에서 미술의 활용 사례를 찾아 자신의 진로와 연계할 수 있다. |

탐구주제
1.미술 — 체험

(1) 미술의 표현법에는 본 것을 똑같이 표현하는 재현적 표현, 대상에서 느껴지는 감정을 표현하는 표현적 표현, 꿈이나 환상 등을 내포하는 상상적 표현 등이 있다. 자신의 장점을 나타낼 수 있는 표현 방법을 조사하고, 어떤 부분이 그에 해당하는가에 대해 발표해 보자.

관련학과
도예학과, 동양화과, 서양화과, 시각디자인학과, 실내디자인학과, 조소과, 조형예술학과, 패션디자인학과, 한국화전공, 회화과

---

(2) 음식 관련 직업 중에서 맛을 시각적으로 표현하는 직업을 푸드스타일리스트라고 한다. 본인이 희망하는 직업에서 미술이 어떻게 활용되는지 조사해 보자.

관련학과
도예학과, 동양화과, 만화애니메이션학과, 미디어영상학과, 사진학과, 산업디자인학과, 서양화과, 시각디자인학과, 실내디자인학과, 조소과, 조형예술학과,
패션디자인학과, 한국화전공, 회화과

미술과

표현

성취기준

[12미02-01]	다양한 발상 방법을 활용하여 새로운 주제를 탐색할 수 있다.
[12미02-02]	조형 요소와 원리를 다양하게 응용하여 창의적으로 표현할 수 있다.
[12미02-04]	주제와 표현 의도, 재료와 표현 방법, 매체, 표현 과정, 결과 등을 종합적으로 검토할 수 있다.

탐구주제

1.미술 — 표현

1 예술가들은 작품을 만들기 전에 아이디어를 떠올리고 미리 구상하는 발상하기 활동을 한다. 작품을 창의적으로 표현할 수 있는 발상 방법을 찾아보고 토론해 보자.

관련학과
도예학과, 동양화과, 서양화과, 시각디자인학과, 실내디자인학과, 조소과, 조형예술학과, 패션디자인학과, 한국화전공, 회화과

2 조형은 여러 가지 재료와 방법으로 원하는 형태를 만드는 행위를 말한다. 평면 조형과 입체 조형에서 조형 요소와 원리의 공통점과 차이점을 비교하고 분석해 보자.

관련학과
조소과, 조형예술학과

3 예술 작품은 재료의 종류에 따라서 다양한 효과를 나타낼 수 있다. 표현하고 싶은 작품을 선정하고, 그 작품을 어떤 재료로 표현하면 좋을지 조사해 보자.

관련학과
도예학과, 동양화과, 만화애니메이션학과, 미디어영상학과, 사진학과, 산업디자인학과, 서양화과, 시각디자인학과, 실내디자인학과, 조소과, 조형예술학과, 패션디자인학과, 한국화전공, 회화과

감상

성취기준

[12미03-01]	역사, 정치, 경제, 사회·문화적 맥락에 따른 미술 문화의 다양성을 이해할 수 있다.
[12미03-03]	미술 작품 비평의 다양한 관점을 알고 이를 활용하여 작품의 가치를 판단할 수 있다.
[12미03-04]	미술 작품에 대한 자신의 견해를 관련 자료와 정보 등을 활용하여 논리적으로 서술할 수 있다.

탐구주제

(1) 각 나라마다 역사, 정치, 경제, 사회·문화적 상황에 따라서 미술 작품이 발전해왔다. 조사하고 싶은 2개의 나라를 선정하고, 각 나라의 미술 작품에 나타나 있는 역사, 정치, 사회·문화적 상황을 비교하고 분석해 보자.

관련학과

동양화과, 서양화과, 한국화전공, 회화과

---

(2) 예술가는 작품을 통해서 자신의 시대와 삶을 표현한다. 본인의 진로와 관련 있는 예술가를 선정하고, 그 예술가가 생존한 시대의 역사, 정치, 경제, 사회·문화적 상황을 조사해 보자.

관련학과

도예학과, 동양화과, 서양화과, 시각디자인학과, 실내디자인학과, 조소과, 조형예술학과, 패션디자인학과, 한국화전공, 회화과

---

(3) 예술 작품에 대한 자신의 견해를 나타내는 일은 작품 속에 담긴 의미를 읽고 이해하는 감상 활동을 바탕으로 한다. 관심 있는 예술 작품을 정한 후 감상 활동을 실시하고, 작품에 대한 본인의 견해를 작성해 보자.

관련학과

국악과, 기악과, 도예학과, 동양화과, 만화애니메이션학과, 미디어영상학과, 사진학과, 산업디자인학과, 서양화과, 성악과, 시각디자인학과, 실내디자인학과, 실용음악과, 음악학과, 작곡과, 조소과, 조형예술학과, 패션디자인학과, 한국화전공, 회화과

활용 자료의 유의점

- (!) 자신의 장점을 나타낼 수 있는 미술 활동을 조사하고, 표현 방법에 대한 발표 자료 정리
- (!) 미술 활동이 다양한 직업에서 응용될 수 있다는 것을 이해하고 연관된 직업 조사
- (!) 조형의 기본 원리를 이해하고 평면 조형과 입체 조형의 공통점과 차이점 분석
- (!) 감상 활동의 의미를 생각하면서 관심 있는 예술 작품에 대한 본인의 감상문 작성

💬 MEMO

미술 창작

핵심키워드

☐ 예술 작품 주제 선정 ☐ 스캠퍼(SCAMPER) ☐ 아이디어 발상법 ☐ 정보수집 ☐ 아이디어 시각화
☐ 평면 표현과 입체 표현 ☐ 조형 요소 ☐ 디자인 분야 ☐ 창의적 표현

영역
표현 계획

성취기준

[12미창01-01]	주변의 대상과 환경을 관찰하고 특징을 파악하여 표현 주제로 발전시킬 수 있다.
[12미창01-03]	표현 주제에 적절한 소재를 탐색하고 선택할 수 있다.
[12미창01-04]	정보 수집의 다양한 방법을 탐색하고 활용할 수 있다.
[12미창01-05]	아이디어를 스케치, 모델링 등으로 시각화할 수 있다.
[12미창01-06]	제작 의도에 적합한 표현 매체, 요소, 방법 등을 탐색하고 선택할 수 있다.

탐구주제

2.미술 창작 — 표현 계획

① 자신을 둘러싼 주변의 대상과 환경을 관찰해 보자. 이 중에서 그림이나 조각, 디자인 등으로 표현할 수 있는 주제를 찾아본 후 어떻게 표현하면 좋을지 토론해 보자.

관련학과
도예학과, 동양화과, 서양화과, 시각디자인학과, 실내디자인학과, 조소과, 조형예술학과, 패션디자인학과, 한국화전공, 회화과

---

② 스캠퍼(SCAMPER)는 대상을 변회시킬 수 있는 발상법이다. 스캠퍼 기법에 대해 조사하여 정리하고, 기존의 제품 중에 좀 더 편리하게 개선하고 싶은 기능을 선정하여, 7가지 스캠퍼 기법으로 아이디어를 제시해 보자.

관련학과
도예학과, 동양화과, 서양화과, 시각디자인학과, 실내디자인학과, 조소과, 조형예술학과, 패션디자인학과, 한국화전공, 회화과

탐구주제

3 작품을 제작하기 위해서는 작품 소재를 정하고 정보를 수집하는 활동이 중요하다. 정보 수집 방법에는 서적, 현장 견학, 인터넷, 인터뷰 등 다양한 방법이 있다. 다양한 정보 수집 방법의 장단점을 조사하고 발표해 보자.

관련학과

도예학과, 동양화과, 만화애니메이션학과, 미디어영상학과, 사진학과, 산업디자인학과, 서양화과, 시각디자인학과, 실내디자인학과, 조소과, 조형예술학과, 패션디자인학과, 한국화전공, 회화과

4 아이디어를 시각화하는 방법에는 섬네일(Thumbnail) 스케치, 러프 스케치, 렌더링, 모델링, 에스키스 등이 있다. 이 중에서 두 가지 방법을 선택하여 본인이 표현하고자 하는 작품을 시각화한 후 어느 방법이 작품을 더 잘 표현했는지 평가해 보자.

관련학과

도예학과, 동양화과, 서양화과, 시각디자인학과, 실내디자인학과, 조소과, 조형예술학과, 패션디자인학과, 한국화전공, 회화과

5 평면 표현은 2차원의 평면 위에 표현하는 것이고, 입체 표현은 3차원의 공간에 표현하는 것이다. 동일한 물체를 평면 표현과 입체 표현으로 작품을 제작했을 때 어떤 차이가 있는지 토론해 보자.

관련학과

도예학과, 동양화과, 서양화과, 시각디자인학과, 실내디자인학과, 조소과, 조형예술학과, 패션디자인학과, 한국화전공, 회화과

영역

표현과 확장

성취기준

[12미창02-01]	조형 요소와 원리를 효과적으로 활용하여 주제를 창의적으로 표현할 수 있다.
[12미창02-02]	표현 기법의 특징을 알고 능숙하게 적용할 수 있다.
[12미창02-03]	회화, 조소, 디자인, 공예, 영상 등 장르별 표현 매체를 연계하여 새로운 방법으로 실험할 수 있다.
[12미창02-04]	타 학문과 타 영역과의 융합을 통해 확장되는 표현 매체의 특징을 알고 활용할 수 있다.
[12미창02-05]	작품의 제작 의도를 파악하고 표현 매체 활용의 특징과 효과, 조형 방식의 차이 등을 분석할 수 있다.

탐구주제

1 조형 요소는 점, 선, 면, 형, 색, 양감, 질감, 원근감 등이 있고, 조형 원리는 통일, 비례, 균형, 대비, 강조, 반복 등이 있다. 본인이 다니는 학교나 주변 지역에 있는 조형물을 찾아보고 어떤 요소와 원리가 사용되었는지 조사해 보자.

관련학과

조소과, 조형예술학과

2 입체 표현은 재료와 기법에 따라 소조와 조각으로 나눌 수 있다. 소조는 점토와 같이 가소성이 있는 재료를 붙여 가며 형태를 만드는 기법이고, 조각은 돌이나 나무처럼 단단한 재료를 깎아서 형태를 만드는 기법이다. 소조와 조각의 장단점을 조사하고 토론해 보자.

관련학과

조소과, 조형예술학과

3 입체로 표현하는 방식은 키네틱 아트, 대지 미술, 설치 미술, 행위 예술, 정크 아트 등이 있다. 각 표현 방식의 특징과 작품을 조사하고 발표해 보자.

관련학과

조소과, 조형예술학과

4 디자인 분야는 시각 디자인, 제품 디자인, 공간 디자인, 의상 디자인 등으로 분류된다. 우리 생활에서 미를 위한 디자인과 인간을 위한 디자인의 예를 찾아보고, 디자인의 궁극적인 목적에 대해 토론해 보자.

관련학과

시각디자인학과, 실내디자인학과, 패션디자인학과

5 다양한 매체와 표현 방법을 활용하면 자신의 생각을 창의적으로 표현할 수 있다. 사진, 영상예술, 가상현실과 증강현실, 애니메이션 중에서 본인의 진로와 관련된 분야를 선정하고, 선택한 매체의 특징과 장단점을 조사해 보자.

관련학과

도예학과, 동양화과, 만화애니메이션학과, 미디어영상학과, 사진학과, 산업디자인학과, 서양화과, 시각디자인학과, 실내디자인학과, 조소과, 조형예술학과, 패션디자인학과, 한국화전공, 회화과

활용 자료의 유의점

! 주변에서 평상시 접할 수 있는 환경, 학교 환경, 지역 환경을 관찰하고 작품 주제 선정

! 정보를 수집하는 방법이 다양하다는 것을 이해하고 정보 수집 방법의 특징 분석

! 아이디어를 시각화하는 방법을 조사한 후 표현하고 싶은 작품을 시각화해보고 평가

! 조형의 기본 요소를 조사하고, 주변에서 볼 수 있는 조형물을 통해서 조형의 원리 이해

! 사진, 영상 예술, 애니메이션 등 매체를 활용한 분야를 조사하여 본인의 진로 탐색

💬 MEMO

미술과

3

미술 감상과 비평

핵심키워드

☐ 예술 작품 속 문화적 특징   ☐ 동양과 서양 미술 사조의 변화   ☐ 디자인 흐름의 변화   ☐ 현대 미술의 표현 방법
☐ 디지털 시대의 미술   ☐ 4차 산업혁명과 미술   ☐ 작품 전시 공간   ☐ 미술관의 분포   ☐ 비평 방법과 단계

영역 ## 미술의 역사

성취기준

[12미감01-02]	미술 작품에 관한 다양한 자료와 정보를 수집하여 의미를 추론할 수 있다.
[12미감01-03]	작가의 표현 양식과 개인적 경험, 성장 배경 등의 관계를 탐색할 수 있다.
[12미감01-04]	작가의 작품 세계에 영향을 미친 미술 사조를 탐구할 수 있다.
[12미감01-05]	다양한 문화권 미술의 지역적, 조형적 특징을 설명할 수 있다.
[12미감01-06]	미술의 변천 과정을 알고 시대별 특징을 구별할 수 있다.
[12미감01-07]	미술 작품의 내용과 형식을 역사, 정치, 경제, 사회적 배경과 관련지어 설명할 수 있다.

탐구주제

3.미술 감상과 비평 — 미술의 역사

(1) 예술 작품은 작가의 개인적인 창조물인 동시에 작가가 살았던 시대나 문화적 특징을 나타낸다. 본인이 관심 있는 분야와 관련된 작가의 작품들을 찾아 감상한 후, 그 작품의 시대나 문화적 특징을 조사해 보자.

관련학과
도예학과, 동양화과, 서양화과, 시각디자인학과, 실내디자인학과, 조소과, 조형예술학과, 한국화전공, 회화과

탐구주제

(2) 미술은 시대적 상황과 분위기에 따라 영향을 받고, 시대에 따라 미술이 가지고 있는 사상(미술 사조)은 계속 변화한다. 동양 미술과 서양 미술 사조의 변화과정과 시대적 상황을 조사하고, 공통점과 차이점이 무엇인지 비교해 보자.

관련학과

동양화과, 서양화과, 한국회전공, 회화과

---

(3) 디자인은 풍요로운 삶을 꿈꾸는 인류의 욕구와 함께 변화해 왔고, 산업혁명 이후 디자인 철학이 등장하기 시작했다. 19세기 후반부터 현재까지 디자인의 흐름이 어떻게 변화되었는지 조사해 보자.

관련학과

시각디자인학과, 실내디자인학과, 패션디자인학과

---

(4) 작가들은 문학, 과학, 수학 또는 다른 분야와 융합하여 예술 작품을 만들어 내기도 한다. 미술 작품이 본인의 진로와 관련 있는 영역과 융합된 사례를 조사하고, 어떤 표현을 사용했는지 발표해 보자.

관련학과

도예학과, 동양화과, 만화애니메이션학과, 미디어영상학과, 사진학과, 산업디자인학과, 서양화과, 시각디자인학과, 실내디자인학과, 조소과, 조형예술학과, 패션디자인학과, 한국화전공, 회화과

---

(5) 현대 미술에 나타난 새로운 매체와 표현 방법은 디지털 시대의 미술로 확장되고 있고, 사진예술과 영상예술뿐만 아니라 가상현실 세계에도 다양하게 활용되고 있다. 4차 산업혁명 시대에 가상현실과 증강현실 기술은 미술 영역에 어떻게 활용될 수 있을지 조사해 보자.

관련학과

도예학과, 동양화과, 만화애니메이션학과, 미디어영상학과, 사진학과, 산업디자인학과, 서양화과, 시각디자인학과, 실내디자인학과, 조소과, 조형예술학과, 패션디자인학과, 한국화전공, 회화과

영역

미술의 비평

성취기준

[12미감02-01]	생활 주변, 미술관, 박물관, 작가 작업실 등 다양한 공간에서 미적 대상을 탐색할 수 있다.
[12미감02-02]	미적 대상에 대한 자신의 직관적, 정서적, 감정적 반응을 묘사할 수 있다.
[12미감02-03]	자신의 반응을 미적 대상의 특징, 지식, 정보 등과 연결하여 설명할 수 있다.
[12미감02-04]	미적 대상에 대한 서로의 느낌과 생각을 비교하고 자신의 반응을 명료화할 수 있다.
[12미감02-05]	미술 작품의 의미를 해석하기 위한 다양한 비평 방법과 관점을 이해하고 적용할 수 있다.
[12미감02-06]	미술 작품에 대하여 근거를 들어 비평하고 미술 용어를 활용하여 논술할 수 있다.
[12미감02-07]	창의적인 방식으로 자신의 비평을 확장하고 소통할 수 있다.

탐구주제

1 작품들을 전시하는 공간으로는 미술관과 박물관, 화랑 등이 있다. 지역별 미술관을 조사해 보고, 미술관의 분포가 지역 문화발전에 미치는 영향을 토론해 보자.

관련학과

도예학과, 동양화과, 서양화과, 시각디자인학과, 실내디자인학과, 조소과, 조형예술학과, 패션디자인학과, 한국화전공, 회화과

2 미적 대상을 충분히 들여다보면서 작품 안에서 어떤 일이 일어나고 있는지, 특징적인 효과는 무엇인지 설명하는 것을 묘사라고 한다. 미술실에 있는 2차원 평면 작품과 3차원 입체 작품의 특징을 글로 묘사한 후 친구들과 토론해 보자.

관련학과

도예학과, 동양화과, 서양화과, 시각디자인학과, 실내디자인학과, 조소과, 조형예술학과, 패션디자인학과, 한국화전공, 회화과

3 미술 작품의 의미를 해석하기 위해서 다양한 비평 방법과 관점을 사용한다. 미술을 비평하는 관점에는 모방론적 관점, 표현주의적 관점, 형식주의적 관점, 도구주의적 관점 등이 있다. 교과서에 있는 미술 작품을 선정한 후 모둠별로 다른 관점을 선택하여 비교해 보자.

관련학과

도예학과, 동양화과, 서양화과, 조소과, 조형예술학과, 한국화전공, 회화과

4 비평은 반응하기, 분석하기, 해석하기, 판단하기의 4가지 단계로 되어 있다. 관심 있는 예술 작품을 선정하고 단계별 비평 내용을 글로 작성한 후 발표해 보자.

관련학과

도예학과, 동양화과, 만화애니메이션학과, 미디어영상학과, 사진학과, 산업디자인학과, 서양화과, 시각디자인학과, 실내디자인학과, 조소과, 조형예술학과, 패션디자인학과, 한국화전공, 회화과

활용 자료의 유의점

- (!) 예술 작품에는 작가가 살았던 시대나 문화적 특징을 나타내므로 작품을 감상할 때 고려
- (!) 디자인은 풍요로운 삶을 위해 변화했고 철학적인 고민과 함께 발전한 것을 이해하여 조사
- (!) 디지털 기술과 융합되고 발전해서 다양한 분야에 활용되고 있는 현대 미술 분석
- (!) 다양한 공간에 전시되어 있는 작품을 글로 묘사해보고 작품의 특징에 대해 토론
- (!) 작품을 비평할 때 모방론적, 표현주의적, 형식주의적, 도구주의적 관점의 차이를 이해하고 참여

💬 **MEMO**

미술과

체육과 교과과정

체육과

1

체육

핵심키워드

☐ 건강의 정의 ☐ 생애주기별 운동 동호회 ☐ 체력측정 방법 PAPS ☐ 시대별 여가의 개념
☐ 신체활동 중심의 여가 종목 ☐ 스포츠용품 시장 ☐ 스포츠 종목의 세계대회 ☐ 도전
☐ 도전과 관련된 스포츠 영화 ☐ 도전의 가치 ☐ 경쟁 스포츠 ☐ 축구공 ☐ 마그누스 효과
☐ 민속무용 ☐ 체육 안전사고 ☐ 심폐소생술의 필요성

영역 **건강**

성취기준

[12체육01-01]	건강한 삶을 영위하는 데 필요한 생애 주기별 건강 관리(질병 예방, 영양 균형, 운동) 방법을 적용하여 건강 관리 계획을 수립하고 실천한다.
[12체육01-02]	체력 수준을 측정하고 분석하여 적합한 체력 관리 방법에 따라 자신에게 알맞은 운동을 실천함으로써 체력을 유지하고 증진시킨다.
[12체육01-03]	현대 사회에서 여가 활동의 의미와 특성에 대한 이해를 바탕으로 신체활동 중심의 여가 생활 계획을 수립하고 실천한다.

탐구주제

1.체육 — 건강

1 현재 체육백서에 나온 생애주기별로 참여하고 있는 운동 동호회 회원 수를 파악해 보자. 나이별로 나타나는 주요 질병에 대해 조사한 후 나의 10년, 20년, 30년 뒤의 건강관리를 위한 방법을 기록하고 발표해 보자.

관련학과

경호학과, 공연예술학과, 무용학과, 체육학과, 사회체육학과, 생활체육학과, 스포츠경영학과, 스포츠건강관리학과, 스포츠과학과, 한국무용전공,
현대무용전공, 발레전공, 태권도학과

2 학교에서 실시하는 체력측정 방법인 PAPS의 역사에 대해 찾아 보자. 그리고 종목별로 어떤 체력 요소를 측정하는지 조사하고, 올바른 측정 방법과 관련된 동영상을 만들어 보자.

관련학과

경호학과, 공연예술학과, 무용학과, 뮤지컬학과, 체육학과, 사회체육학과, 생활체육학과, 스포츠경영학과, 스포츠건강관리학과, 스포츠과학과, 연극영화학과,
한국무용전공, 현대무용전공, 발레전공, 태권도학과

탐구주제

③ 시대별 여가의 개념을 정의해보고, 현대인들이 주로 하고 있는 신체활동 중심의 여가 종목을 알아보자. 그 종목의 스포츠용품과 관련된 시장의 규모를 예측하고 유망한 여가 종목에 대해 토의해 보자.

관련학과

경호학과, 공연예술학과, 무용학과, 뮤지컬학과, 체육학과, 사회체육학과, 생활체육학과, 스포츠경영학과, 스포츠건강관리학과, 스포츠과학과, 연극영화학과, 한국무용전공, 현대무용전공, 발레전공, 태권도학과

영역 **도전**

성취기준

[12체육02-01]	자신이 설정한 도전 스포츠의 목표를 성취하기 위해 끊임없이 노력을 하며 도전 가치를 탐색한다.
[12체육02-03]	도전 스포츠의 목표를 성취하기 위한 여러 가지 경기 전략을 탐색하여 경기 상황에 맞게 적용한다.
[12체육02-04]	자신의 신체적 또는 정신적 한계를 뛰어넘기 위해 도전 스포츠의 환경적 제약에 맞서 문제를 해결한다.

탐구주제

① 지금까지 도전해 본 스포츠 종목을 정하여 그 과정을 일기형식으로 작성해 보자. 도전의 성공과 실패 상황을 가정하고, 성공했을 때의 성취 경험과 실패했을 때의 부정적인 감정에 대해 생각하며 앞으로의 활동에 대한 다짐을 발표해 보자.

관련학과

경호학과, 공연예술학과, 무용학과, 뮤지컬학과, 체육학과, 사회체육학과, 생활체육학과, 스포츠경영학과, 스포츠건강관리학과, 스포츠과학과, 연극영화학과, 한국무용전공, 현대무용전공, 발레전공, 태권도학과

② 평소에 관심을 가졌던 스포츠 종목의 세계대회(올림픽, 세계선수권, 아시안게임, 월드컵 등)에서 우리나라 도전의 역사를 정리해 보자. 특별한 모멘텀이 되었던 대회에서의 선수 인터뷰나 도전 과정을 살펴보면서 과정과 결과의 상관관계에 대해 토론해 보자.

관련학과

경호학과, 공연예술학과, 무용학과, 뮤지컬학과, 체육학과, 사회체육학과, 생활체육학과, 스포츠경영학과, 스포츠건강관리학과, 스포츠과학과, 연극영화학과, 한국무용전공, 현대무용전공, 발레전공, 태권도학과

③ 산악영화 'K2', 자메이카 봅슬레이팀을 소재로 한 '쿨러닝', 우리나라 스키점프를 주제로 한 '국가대표' 등 도전과 관련된 영화를 찾아보고, 그 종목의 특성과 도전의 가치에 대해 생각해 보자. 또한 가장 인상 깊었던 문구를 작성하여 체육관에 게시해 보자.

관련학과

경호학과, 공연예술학과, 무용학과, 뮤지컬학과, 체육학과, 사회체육학과, 생활체육학과, 스포츠경영학과, 스포츠건강관리학과, 스포츠과학과, 연극영화학과, 한국무용진공, 현대무용전공, 발레전공, 태권도학과

경쟁

성취기준

[12체육03-01]	경쟁 스포츠에 참여하는 과정에서 여러 유형의 경쟁 스포츠에 대한 비교&분석을 통해 경쟁 스포츠의 가치를 탐색한다.
[12체육03-02]	경쟁 스포츠의 경기 수행에 필요한 기능과 방법을 탐색하여 연습하고 경기 상황에 맞게 적용한다.
[12체육03-03]	경쟁 스포츠의 여러 가지 경기 전략을 탐색하여 연습하고 경기 상황에 맞게 적용한다.

탐구주제

1. 체육 — 경쟁

① 경쟁 스포츠는 크게 3가지 영역(영역형, 필드형, 네트형)으로 나뉜다. 지금까지 체육 시간에 경험해 본 종목을 토대로 각 유형별 경쟁 스포츠의 장점에 대해서 토의해 보자. 그리고 그 경험과 유사한 스포츠 사례가 있는지 조사하여 발표해 보자.

관련학과

경호학과, 체육학과, 사회체육학과, 생활체육학과, 스포츠경영학과, 스포츠건강관리학과, 스포츠과학과, 태권도학과

② 마그누스 효과란 물체가 회전하면서 운동할 때 물체가 이동속도의 수직 방향으로 힘을 받아 휘어지는 현상을 말한다. 예를 들면 축구공은 공기의 흐름과 공의 회전 방향에 따라 휘어진다. 선수들의 경기 영상을 통해 마그누스 효과가 나타나는 다른 종목에 대해 알아보고, 실제 연습을 통하여 이론과 실제가 일치하는지 실습해 보자.

관련학과

체육학과, 사회체육학과, 생활체육학과, 스포츠경영학과, 스포츠건강관리학과, 스포츠과학과, 태권도학과

③ 올림픽 야구 경기 결승전에서 우리 팀의 9회말 공격, 2아웃 동점 상황에 주자가 2루에 있고 9번 타자가 타석에 들어갈 차례이다. 이때 자신이 감독이라면 타율이 좋지 않은 9번 타자와 슬럼프지만 강타자인 대타 중 누구를 내보낼 것인지에 대한 판단과 이유를 말해 보자. 야구 종목 이외에도 이와 같은 상황을 설정하고 전술과 전략을 세워 모둠별로 발표해 보자.

관련학과

경호학과, 공연예술학과, 무용학과, 뮤지컬학과, 체육학과, 사회체육학과, 생활체육학과, 스포츠경영학과, 스포츠건강관리학과, 스포츠과학과, 연극영화학과, 한국무용전공, 현대무용전공, 발레전공, 태권도학과

표현

성취기준

[12체육04-02]	창작 표현, 전통 표현, 현대 표현 등 여러 유형의 신체 표현 문화를 바탕으로 신체 움직임과 표현 양식을 적용하여 움직임을 표현하거나 작품을 발표한다.

탐구주제

① 민속의 특수성과 향토의 특성을 갖추고 옛날부터 전해지는 전통무용을 민속무용이라고 한다. 각 나라의 민속무용을 찾아본 후, 그 나라만의 문화나 정서, 지리적 연관성과 관련하여 나라별 특징을 조사하고 발표해 보자.

관련학과

공연예술학과, 무용학과, 뮤지컬학과, 연극영화학과, 한국무용진공, 현대무용전공, 발레전공

안전

성취기준

[12체육05-01]	신체활동 과정에서 발생할 수 있는 다양한 안전사고의 유형을 탐색하여 안전사고를 예방하며, 안전사고 상황을 판단하고 신속하게 대처한다.
[12체육05-02]	돌연히 발생할 수 있는 심정지에 대비하기 위해 심폐소생술의 중요성과 원리를 이해하고 심폐소생술을 적용한다.

탐구주제

① 체육 시간에 일어날 수 있는 안전사고의 유형을 조사한 후 우리 학교에서 일어날 수 있는 안전사고의 유형과 장소를 찾아 보자. 안전사고가 일어날 수 있는 곳에 위험을 알리는 문구와 올바른 사용법을 제작해 부착하고 홍보해 보자.

관련학과

경호학과, 공연예술학과, 무용학과, 뮤지컬학과, 체육학과, 사회체육학과, 생활체육학과, 스포츠경영학과, 스포츠건강관리학과, 스포츠과학과, 연극영화학과, 한국무용전공, 현대무용전공, 발레전공, 태권도학과

② 야구 경기에서 있었던 안전사고 관련 기사(https://news.joins.com/article/23890573)를 보고 이와 유사한 사례를 조사하여 심폐소생술의 필요성을 일깨우기 위한 포스터를 모둠별로 제작해 보자.

관련학과

경호학과, 공연예술학과, 무용학과, 뮤지컬학과, 체육학과, 사회체육학과, 생활체육학과, 스포츠경영학과, 스포츠건강관리학과, 스포츠과학과, 연극영화학과, 한국무용전공, 현대무용전공, 발레전공, 태권도학과

활용 자료의 유의점

ⓘ WHO와 같이 단체별로 발표하는 건강이 개념을 비교해보고, 권장하는 건강 측정 방법 조사

ⓘ 도전 스포츠의 정의를 내리고 관련 종목 탐색

ⓘ 경쟁 스포츠의 정의를 내리고, 관련 종목별 전략에 대해 조사

ⓘ 신체활동에서 일어나는 안전사고의 유형을 조사하고, 실제 우리 주변에서 일어나는 안전사고 사례 조사

운동과 건강

핵심키워드

☐ 건강의 개념   ☐ 세계보건기구   ☐ 운동 유형별 효과   ☐ 체지방 측정 방법   ☐ 피부두겹법   ☐ 자세평가
☐ 비만도 측정   ☐ 올바른 다이어트   ☐ 기초대사량과 활동대사량   ☐ 체력운동   ☐ 타겟스포츠   ☐ 학교 안전사고

영역 ## 운동과 건강의 관계

성취기준

[12운건01-01]	생활 습관과 건강 관리에 대한 이해를 바탕으로 건강한 생활 습관 형성에 필요한 건강 관리 방법을 탐색한다.
[12운건01-02]	건강 유지·증진에 도움이 되는 여러 유형의 운동 특성과 효과를 비교, 분석하여 건강과 운동의 관계를 파악한다.
[12운건01-03]	심신의 건강 유지 및 증진을 위한 방안으로 일상생활에서 지속적으로 운동에 참여하여 건강을 관리한다.

탐구주제

2.운동과 건강 ─ 운동과 건강의 관계

① 세계보건기구에서 발표한 건강의 개념과 모둠원들이 생각하고 있는 건강의 개념을 비교하여 발표해 보자. 세계보건기구에서 발표한 현대인의 사망원인에 대해 살펴본 후 일주일 동안 각자의 운동량을 조사하여 통계를 내보고, 일반 청소년과 본인의 운동량을 비교해 보자.

관련학과

경호학과, 공연예술학과, 무용학과, 뮤지컬학과, 체육학과, 사회체육학과, 생활체육학과, 스포츠경영학과, 스포츠건강관리학과, 스포츠과학과, 연극영화학과, 한국무용전공, 현대무용전공, 발레전공, 태권도학과

② 한 학기 프로젝트 활동으로 운동 유형별 효과를 직접 체험해 보자. 모둠별로 여러 가지 운동 유형 중 하나를 선택하고, 다른 변인(식단 등)을 통제한 상황에서 꾸준히 실시해 보자. 이를 통해 이론적인 효과와 실제 운동을 했을 때이 몸의 변화와 효과를 비교해 보자.

관련학과

경호학과, 공연예술학과, 무용학과, 뮤지컬학과, 체육학과, 사회체육학과, 생활체육학과, 스포츠경영학과, 스포츠건강관리학과, 스포츠과학과, 연극영화학과, 한국무용전공, 현대무용전공, 발레전공, 태권도학과

탐구주제

③ 체지방 측정 방법을 찾아보고 많이 사용되는 인바디 기구의 원리에 대해 알아보자. 기계 없이도 체지방을 측정하는 피부두겹법으로 자신의 체지방을 측정해 보고 인바디 검사의 측정 결과와 비교해 보자.

관련학과

경호학과, 공연예술학과, 무용학과, 뮤지컬학과, 체육학과, 사회체육학과, 생활체육학과, 스포츠경영학과, 스포츠건강관리학과, 스포츠과학과, 연극영화학과, 한국무용전공, 현대무용전공, 발레전공, 태권도학과

영역

운동과 건강 관리

성취기준

[12운건02-01]	바르지 못한 자세로 생기는 각종 신체 질환에 대한 이해를 토대로 바른 자세 유지를 위한 자세 교정을 탐색하여 지속적으로 바른 자세를 관리한다.
[12운건02-02]	운동 부족으로 인한 생활 습관병과 대사량의 개념에 근거하여 비만의 예방 및 관리에 필요한 운동 계획을 수립하고 지속적인 운동을 비만 관리에 적용한다.
[12운건02-03]	건강한 삶을 위한 체력의 중요성에 대한 이해를 바탕으로 여러 체력 요소를 측정하여 평가하고 체력 관리를 위해 스스로 운동 계획을 수립하여 적용한다.
[12운건02-04]	운동의 정서적 효과에 대한 이해를 바탕으로 활력 있는 생활과 스트레스 관리에 도움이 되는 운동을 비교하고 자신의 정서 조절에 적합한 운동을 선택하여 적용한다.

탐구주제

① 학교에서 실천할 수 있는 상황별 바른 자세를 정의하고 PAPS 평가 중 자세평가를 통해 본인의 자세를 분석해 보자. 학생들이 따라할 수 있는 상황별 바른 자세에 대한 시청각 자료를 만들고, 바르지 않은 자세가 지속될 경우 나타날 수 있는 질환을 신체 부위별로 조사해 발표해 보자.

관련학과

경호학과, 공연예술학과, 무용학과, 뮤지컬학과, 체육학과, 사회체육학과, 생활체육학과, 스포츠경영학과, 스포츠건강관리학과, 스포츠과학과, 연극영화학과, 한국무용전공, 현대무용전공, 발레전공, 태권도학과

---

② 체질량지수(BMI)를 활용하여 본인의 비만도를 측정해 보고 체질량지수(BMI)를 활용한 비만 판정의 예외사례(보디빌딩 선수, 마른 비만 등)에 대해 조사해 보자.

관련학과

경호학과, 공연예술학과, 무용학과, 뮤지컬학과, 체육학과, 사회체육학과, 생활체육학과, 스포츠경영학과, 스포츠건강관리학과, 스포츠과학과, 연극영화학과, 한국무용전공, 현대무용전공, 발레전공, 태권도학과

---

③ 올바른 다이어트 방법에 대해 모둠별 토의를 진행해 보자. 올바른 다이어트를 위한 신체 에너지 소비량을 구성하는 요소를 살펴보자. 기초내사냥을 구히는 빙법과 활동대사량을 구하는 방법을 살펴본 후, 본인의 기초대사량과 활동대사량을 산출해 보자.

관련학과

경호학과, 공연예술학과, 무용학과, 뮤지컬학과, 체육학과, 사회체육학과, 생활체육학과, 스포츠경영학과, 스포츠건강관리학과, 스포츠과학과, 연극영화학과, 한국무용전공, 현대무용전공, 발레전공, 태권도학과

탐구주제

④ 체력운동이라고 하면 가장 먼저 떠올리는 것이 근력운동이다. 우리나라 웨이트 트레이닝 분야의 시장규모에 대해 조사해 보고, 앞으로 웨이트 트레이닝 분야 시장의 발전 가능성에 대해 토의해 보자.

관련학과

경호학과, 공연예술학과, 무용학과, 뮤지컬학과, 체육학과, 사회체육학과, 생활체육학과, 스포츠경영학과, 스포츠건강관리학과, 스포츠과학과, 연극영화학과, 한국무용전공, 현대무용전공, 발레전공, 태권도학과

⑤ 양궁이나 사격 같은 타겟 스포츠는 심리적인 요인이 많이 작용하는 종목이다. 스트레스가 경기력에 어떤 영향을 미칠지 자신의 생각을 정리하고 모둠별로 토의해 보자. 운동 상황뿐만 아니라 시험이나 중요한 일을 앞두고 할 수 있는 심리 조절 전략이나 스트레스 조절 방법에는 어떤 것들이 있는지 조사하고 실천해 보자.

관련학과

경호학과, 공연예술학과, 무용학과, 뮤지컬학과, 체육학과, 사회체육학과, 생활체육학과, 스포츠경영학과, 스포츠건강관리학과, 스포츠과학과, 연극영화학과, 한국무용전공, 현대무용전공, 발레전공, 태권도학과

영역 **운동과 안전**

성취기준

[12운건03-03] 기구, 시설, 환경 등 운동 안전사고 발생 위험 요인을 탐색하고 운동 환경 안전도의 평가를 통해 운동 안전 대책 및 방법을 마련하여 운동사고 예방 및 관리에 적용한다.

탐구주제

① 학교 안전사고와 관련된 동영상 시청 후 학교생활을 하면서 일어날 수 있는 안전사고의 유형에 대해 생각해 보자. 자신이 경험했거나 목격했던 안전사고의 유형을 발표해 보고, 대처요령에 대해 조사해 보자.

관련학과

경호학과, 공연예술학과, 무용학과, 뮤지컬학과, 체육학과, 사회체육학과, 생활체육학과, 스포츠경영학과, 스포츠건강관리학과, 스포츠과학과, 연극영화학과, 한국무용전공, 현대무용전공, 발레전공, 태권도학과

활용 자료의 유의점

- ⚠ 일상생활에서 지속적으로 실천할 수 있는 건강관리 방법 탐색
- ⚠ 비만의 정의를 알아보고, 체질량지수(BMI)와 실제 비만과의 관계 조사
- ⚠ 통계청 자료나 체육백서에 나와 있는 구체적인 자료를 바탕으로 우리나라의 웨이트 트레이닝 시장을 분석

체육과

3

스포츠 생활

핵심키워드

☐ 스포츠의 역할　☐ 허용규범과 선호규범　☐ 스포츠 복장규정　☐ 스포츠의 상업화　☐ 스포츠 윤리적 태도
☐ 카를레스 푸욜의 행동　☐ 피겨스케이팅 회전 원리　☐ 체력운동의 원리

영역 | ## 스포츠 가치

성취기준

[12스생01-02]	스포츠가 문화에 미치는 영향과 문화가 스포츠에 미치는 영향을 비교·분석하여 문화로서의 스포츠를 이해한다.
[12스생01-03]	스포츠의 관행, 규범, 제도 등 스포츠 경기와 관련된 문화를 분석하여 스포츠 경기에서 요구되는 경기 문화를 판단한다.
[12스생01-04]	스포츠 참여 과정에서 스포츠맨십과 페어플레이 정신을 발휘하고 윤리적 태도를 함양한다.

탐구주제

3.스포츠 생활 — 스포츠 가치

① 교과서에 나와 있는 스포츠의 역할을 읽어본 후 지금까지 살아오면서 경험했던 스포츠 활동을 통해 얻은 효과를 모둠별로 발표해 보자. 그리고 스포츠가 우리 생활에서 어떤 역할을 하고 있는지 사례를 들어서 발표해 보자.

관련학과

경호학과, 공연예술학과, 무용학과, 뮤지컬학과, 체육학과, 사회체육학과, 생활체육학과, 스포츠경영학과, 스포츠건강관리학과, 스포츠과학과, 연극영화학과, 한국무용전공, 현대무용전공, 발레전공, 태권도학과

② 스포츠와 대중매체의 관계를 살펴보고 대중매체에 의해 경기 규칙이나 경기 방법이 바뀐 예가 있는지 조사하여, 이에 대한 자신의 생각을 발표해 보자.

관련학과

경호학과, 공연예술학과, 무용학과, 뮤지컬학과, 체육학과, 사회체육학과, 생활체육학과, 스포츠경영학과, 스포츠건강관리학과, 스포츠과학과, 연극영화학과, 한국무용전공, 현대무용전공, 발레전공, 태권도학과

탐구주제

③ 스포츠 규범 중 비공식 규범에는 허용규범과 선호규범이 있다. 각 종목별 허용규범과 선호규범에 해당하는 사례를 찾아보고 그 규범들에 대한 본인의 생각을 정리하여 발표해 보자.

관련학과
경호학과, 공연예술학과, 무용학과, 뮤지컬학과, 체육학과, 사회체육학과, 생활체육학과, 스포츠경영학과, 스포츠건강관리학과, 스포츠과학과, 연극영화학과, 한국무용전공, 현대무용전공, 발레전공, 태권도학과

④ 테니스 종목 4대 메이저 대회는 호주 오픈, 프랑스 오픈, 윔블던 오픈, US 오픈이 있다. 이 중 윔블던 오픈은 흰색 유니폼을 입어야 되는 규정이 있다. 아래의 기사(www.ikoreadaily.co.kr/news/articleView.html?idxno=105683)를 읽고 복장규정이 생긴 이유를 알아보고, 스포츠의 상업화에 대한 본인의 생각을 발표해 보자.

관련학과
경호학과, 공연예술학과, 무용학과, 뮤지컬학과, 체육학과, 사회체육학과, 생활체육학과, 스포츠경영학과, 스포츠건강관리학과, 스포츠과학과, 연극영화학과, 한국무용전공, 현대무용전공, 발레전공, 태권도학과

⑤ 스포츠 기사(http://www.munhwa.com/news/view.html?no=20201006MW141216414657)를 읽고 스포츠 윤리적 태도란 무엇인가에 대한 정의를 내려보고, 운동을 하면서 겪었던 사례를 발표해 보자. 또한 페어플레이 정신에 입각한 스포츠 경기 사례를 조사해 모둠별 포스터를 만들고 학교 복도나 체육관에 게시해 보자.

관련학과
경호학과, 공연예술학과, 무용학과, 뮤지컬학과, 체육학과, 사회체육학과, 생활체육학과, 스포츠경영학과, 스포츠건강관리학과, 스포츠과학과, 연극영화학과, 한국무용전공, 현대무용전공, 발레전공, 태권도학과

영역

스포츠 수행

성취기준

[12스생02-02]	스포츠 활동에 참여하면서 스포츠 경쟁의 의미를 이해하고 스포츠를 통해 서로를 존중하고 배려하는 태도로 상호 작용을 함으로써 긍정적 대인 관계를 형성한다.
[12스생02-03]	스포츠 표현의 동작과 원리를 바탕으로 스포츠 표현 작품을 발표하고 감상·비평을 실천한다.
[12스생02-04]	스포츠 참여의 목적과 가치를 이해하고 여가 선용을 위한 스포츠 참여 계획을 수립하여 지속적으로 참여한다.

탐구주제

① 스페인 축구선수 카를레스 푸욜의 다큐멘터리 영상을 시청하고, 경쟁하는 스포츠의 테두리 안에서의 푸욜의 행동과 관련하여 느낀 바를 발표해 보자. 체육 수업이나 운동 과정에서 이와 유사한 자신의 경험이 있다면 발표하고, 마음가짐의 변화에 대해 기록해 보자. (https://www.youtube.com/watch?v=uq71-IbXLE)

관련학과
경호학과, 공연예술학과, 무용학과, 뮤지컬학과, 체육학과, 사회체육학과, 생활체육학과, 스포츠경영학과, 스포츠건강관리학과, 스포츠과학과, 연극영화학과, 한국무용전공, 현대무용전공, 발레전공, 태권도학과

탐구주제

② 피겨스케이팅 회전의 원리에 대해 알아보고, 선수들이 어떤 동작을 취할 때 회전이 빨라지는지 분석해 보자.

관련학과

경호학과, 공연예술학과, 무용학과, 뮤지컬학과, 체육학과, 사회체육학과, 생활체육학과, 스포츠경영학과, 스포츠건강관리학과, 스포츠과학과, 연극영화학과, 한국무용전공, 현대무용전공, 발레전공, 태권도학과

③ 체력운동의 원리를 이해하고 한 학기 운동 프로그램을 계획해 보자. 꾸준히 실천할 수 있도록 플래너를 작성하고 학기 마감을 할 때 변화된 모습과 비교하여 성취 경험을 발표해 보자.

관련학과

경호학과, 공연예술학과, 무용학과, 뮤지컬학과, 체육학과, 사회체육학과, 생활체육학과, 스포츠경영학과, 스포츠건강관리학과, 스포츠과학과, 연극영화학과, 한국무용전공, 현대무용전공, 발레전공, 태권도학과

활용 자료의 유의점

① 올림픽이나 메이저 대회, 주요 종목에서 기사화된 스포츠의 규범이나 가치 조사

① 페어플레이와 스포츠맨십의 사례가 나온 기사와 논문을 분석하고 우리 주변에서 실천할 수 있는 방법을 고민

① 선수들의 스포츠 참여의 목적과 동기를 찾아보고, 우리가 스포츠에 참여하는 동기와 비교

💬 MEMO

체육 탐구

핵심키워드

☐ 스포츠 연관 이슈 ☐ 멘탈 트레이닝 ☐ 스포츠 생리학적 원리 ☐ 체육 관련 직업군 ☐ 체육 관련 학과 탐색

영역

체육과 과학

성취기준

[12체탐02-01]	스포츠 현상을 사회학적으로 이해하고, 다양한 스포츠 활동을 사회학적 원리에 따라 분석하고 적용한다.
[12체탐02-02]	스포츠 활동을 심리학적으로 이해하고, 다양한 스포츠 활동을 심리학적 원리에 따라 분석하고 적용한다.
[12체탐02-03]	스포츠 활동을 생리학적으로 이해하고, 다양한 스포츠 활동을 생리학적 원리에 따라 분석하고 적용한다.
[12체탐02-04]	스포츠 활동을 역학적으로 이해하고, 다양한 스포츠 활동을 역학적 원리에 따라 분석하고 적용한다.

탐구주제

4.체육 탐구 — 체육과 과학

① 스포츠와 연관되어 있는 정치, 경제, 미디어, 교육, 계층, 젠더, 일탈 관련 이슈를 찾아보고 스포츠와 어떤 관련이 있는지를 분석해 보자.

관련학과
경호학과, 공연예술학과, 무용학과, 뮤지컬학과, 체육학과, 사회체육학과, 생활체육학과, 스포츠경영학과, 스포츠건강관리학과, 스포츠과학과, 연극영화학과, 한국무용전공, 현대무용전공, 발레전공, 태권도학과

② 밴쿠버 동계올림픽에서 김연아 선수는 자신의 경기 전에 아사다 마오의 경기를 지켜보면서 멘탈을 관리했다. 멘탈 관리의 중요성을 언급한 기사를 참고하여 멘탈 트레이닝이 스포츠 경기에서 어떤 역할을 하는지에 대해 조사해 보자. 또한 멘탈 트레이닝이 필요한 종목을 찾아보고, 어떻게 멘탈 트레이닝이 이루어지는지 조사하여 본인의 수행평가에 지용시켜 보자.

관련학과
경호학과, 공연예술학과, 무용학과, 뮤지컬학과, 체육학과, 사회체육학과, 생활체육학과, 스포츠경영학과, 스포츠건강관리학과, 스포츠과학과, 연극영화학과, 한국무용전공, 현대무용전공, 발레전공, 태권도학과

탐구주제

③ 스포츠 종목에 따른 운동능력을 향상시키기 위한 스포츠 생리학적 원리에 대해 찾아보고, 실제 선수들에게 적용된 스포츠 생리학 관련 사례를 조사하여 발표해 보자.

관련학과

경호학과, 공연예술학과, 무용학과, 뮤지컬학과, 체육학과, 사회체육학과, 생활체육학과, 스포츠경영학과, 스포츠건강관리학과, 스포츠과학과, 연극영화학과, 한국무용전공, 현대무용전공, 발레전공, 태권도학과

④ 가속도의 원리, 회전의 원리, 운동에너지 등의 개념을 이해하고 운동 상황에 적용시켜 보자. 가장 효율적인 동작이나 기록을 내기 위한 역학적 방법을 탐구하여 발표해 보자.

관련학과

경호학과, 공연예술학과, 무용학과, 뮤지컬학과, 체육학과, 사회체육학과, 생활체육학과, 스포츠경영학과, 스포츠건강관리학과, 스포츠과학과, 연극영화학과, 한국무용전공, 현대무용전공, 발레전공, 태권도학과

영역 **체육과 진로**

성취기준

[12체탐03-02]	체육과 관련된 직업을 유형별로 분류하여 유형별 특성을 분석하고 체육 직업에 대한 자기 적성과의 관련성을 파악한다.
[12체탐03-03]	다양한 체육 관련 진로와 직업의 선택을 위해 필요한 관련 분야의 진로 정보를 수집하여 분석하고 체육 진로를 탐색하는 데 적용한다.

탐구주제

① 체육과 관련된 여러 가지 직업군을 조사해 보고, 직업에 필요한 역량은 무엇이 있는지 토론해 보자.

관련학과

경호학과, 공연예술학과, 무용학과, 뮤지컬학과, 체육학과, 사회체육학과, 생활체육학과, 스포츠경영학과, 스포츠건강관리학과, 스포츠과학과, 연극영화학과, 한국무용전공, 현대무용전공, 발레전공, 태권도학과

② 체육과 관련된 여러 가지 직업을 갖는 데 도움이 되는 학과의 종류를 조사해 보고, 학과에서 배우는 교과목이 직업과 어떤 상관관계가 있는지 토론해 보자. 그리고 학과에서 취득 가능한 자격증의 종류를 조사하여 발표해 보자.

관련학과

경호학과, 공연예술학과, 무용학과, 뮤지컬학과, 체육학과, 사회체육학과, 생활체육학과, 스포츠경영학과, 스포츠건강관리학과, 스포츠과학과, 연극영화학과, 한국무용전공, 현대무용전공, 발레전공, 태권도학과

- ! 스포츠와 사회·과학 과목의 교과 연관성을 바탕으로 현상을 분석한 후 적용
- ! 스포츠 종목에 따른 운동능력을 향상시키기 위한 스포츠 생리학적 원리 조사
- ! 체육과 관련된 직업군을 조사한 후 직업에 필요한 역량은 무엇이 있는지 토론
- ! 체육 관련 학과를 조사한 후 학과에서 배우는 교과목과 직업의 상관관계 분석

MEMO

01

직업 바이블

직업 탐색이 필요할 땐, 이 책이 답!

10% sale

44,100원/권당

국내 최대 직업 정보 수록! 진로 탐색을 위한 최고의 바이블
총 205개의 대표 직업과 약 1,000개의 관련 직업 소개
직업별 로드맵(관련학과, 관련교과, 적성, 흥미, 미래전망) 소개

02

학과 바이블

학과 선택이 고민 될 땐, 이 책이 답!

10% sale

44,100원/권당

계열별 대표학과 및 관련학과까지 1,000여개 학과 수록
계약학과&특성화학과 정보까지 수록되어
더 강력해진 개정판

03

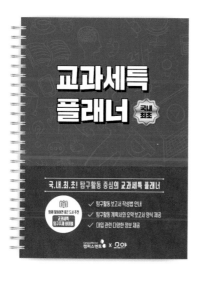

교과세특 플래너

교과세특 관리를 위한 **필수 플래너!** 강력추천!

20% sale

8,800원/권당

탐구활동 기록 가이드 역할
체계적인 탐구활동 관리

나만의 진로 가이드북 시리즈

총 6개 계열별
대표 20개 직업과 20개 학과를 연결한 진로 도서
● 인문 ● 사회 ● 자연 ● 공학 ● 의료보건 ● 예체능

10% sale
16,650원/권당

각 직업과 학과에 대한 심도 있는 이해 OK!
실질적인 직업 진출 계획을 위한 진로 가이드북

도서 시리즈 01

학생부 바이블 시리즈

도서 시리즈 02

학생부종합전형 맞춤형 진학 설계 가이드북
● 인문 ● 사회 ● 자연 ● 공학 ● 의약 ● 예체능 ● 교육

10% sale
17,100원/권당

학교생활기록부 다양한 활동 추천 및 기재예시 제시
계열별 맞품형 학생부 관리법 수록
계열 이해와 직업·학과 로드맵까지 All in One

'어떻게 되었을까?' 시리즈

현직 직업인의 생생한 스토리가 담긴 직업가이드북

10% sale
13,500원/권당

실무자의 생생한 직업 이야기
각 분야 전문가들이 다양한 커리어패스
경험담을 통해 진로 설계의 동기부여

49가지의 직업 시리즈 출간!

도서 시리즈 03

학교 맞춤제작 도서

고교학점제 바이블

더 자세한 고교학점제에 대한 정보가 필요할 때!

10% sale

단행본 – 9,900원/권당

고교학점제 A부터 Z까지 모두 담은 도서
고교학점제 정책에 대한 이해부터 대학 계열별
선택과목 안내까지! 한 번에 해결!

맞춤제작 – (권당) 11,000원

자세한 견적은 전화로 문의주세요 :)
Tel) 02-333-5966(내선 2번)

표지/내지 수정 가능!
학교별 교육과정 편제표 및 학업계획서 양식 추가(무료)
고교학점제 안내 책자 제작 시간과 비용 절감 효과

—— 내지구성 미리보기

고교학점제 바이블 맞춤제작 특별 혜택

고교학점제 수업에 활용할 수 있는 총 4차시 강의안 PPT파일 무.료.제.공

선생님들을 위한 교육 교구몰 · 캠퍼스멘토 교구몰

도서/교구/활동지/워크북 등 다양한 교육 교구재를 한 번에 만날 수 있습니다.

[캠토몰 링크] **www.campusmentor.co.kr**

나에게 필요한 모든 것이 있는 곳 · MOYACOMPANY

일상 속 변화를 이끄는 교육콘텐츠 전문기업, 모야컴퍼니를 만나보세요.

[모야컴퍼니 홈페이지] **moyamall.com** [모야몰 링크] **smartstore.naver.com/moya_mall**

MEMO

※ 참고문헌

- K.메데페셀헤르만, F. 하마어, H-J.크바드베크제거. (2007). 화학으로 이루어진 세상 (pp. 1-455). 서울: 에코리브르.
- 가치를꿈꾸는과학교사모임. (2019). 정답을 넘어서는 토론학교 : 과학 (pp. 1-232). 서울: 우리학교.
- 강원도교육청. (2018). 전공 연계 선택과목 가이드북 - 고교학점제 연계 학생 선택중심 교육과정.
- 한국과학창의재단. 과학 교양 교수·학습자료.
- 교육부. (2015). 2015 개정 교육과정. 교육부 고시 제2015-74호. 교육부.
- 권숙자 외. (2020). 도덕수업, 책으로 묻고 윤리로 답하다 (pp. 1-320). 서울: 살림터.
- 금동화. (2006). 재미있는 나노 과학기술 여행 (pp. 1-192). 양문출판사.
- 길벗R&D 일반상식 연구팀. (2019). 시나공 일반상식 단기완성 (pp. 1-464). 서울: 길벗.
- 김난도 외. (2019). 트렌드 코리아 2020 (pp. 1-448). 서울: 미래의창.
- 김동겸 외. (2020). 취업에 강한 에듀윌 시사상식 9월호 (pp. 1-208), 서울: 에듀윌.
- 김미란, 정보근, 김승. (2018). 미래인재 기업가정신에 답이 있다. 미디어숲.
- 김범수. (2016). 진짜 공신들만 보는 대표 소논문 (pp. 1-242). 서울: 더디퍼런스.
- 김선옥, 박맹언. (2015). 광물성 약재(광물약)의 표준화에 관한 연구. 자원환경지질, 48(3), pp. 187-196.
- 김성원 외. (2020). 자유 주제 탐구 학생 안내서. 서울: 이화여대.
- 김성훈 외. (2020). 수학과 함께하는 AI 기초 (pp. 1-240). 경기도: EBS.
- 김영호. (2019). 플레밍이 들려주는 페니실린 이야기 (pp. 1-160). 서울: 자음과모음.
- 김응빈 외. (2017). 생명과학, 신에게 도전하다 (pp. 1-292). 동아시아.
- 김준호. (2017). 미래산업, 이제 농업이다 (pp. 1-164). 가인지캠퍼스.
- 김채화. (2020). 나는 탐구보고서로 대학간다 : 인문계 (pp. 1-288). 미디어숲.
- 김현. (2009). 한국문학의 위상 (pp. 1-256). 문학과지성사.
- 김형진, 윤원기, 김환묵. (2006). 전자변형생물체(GMO)의 인체위해성평가. 한국보건교육건강증진학회 학술대회 발표논문집, pp. 16-17.
- 김혜영. 정훈. (2016). 소논문을 부탁해 (pp. 1-236). 서울: 꿈결.
- 김혜원. (2017). 로봇수술을 담당하는 간호사의 직무 인식(석사학위논문). 경희대학교 공공대학원, 서울.
- 낸시포브스, 배질 마흔. (2015). 패러데이와 맥스웰 (pp. 1-408). 서울: 반니.
- 네사 캐리. (2015). 유전자는 네가 한 일을 알고 있다 (pp.1-480). 해나무.
- 데이비드 앳킨슨. (2020). 위험한 일본 경제의 미래 (pp. 1-280). 서울: 더난출판.
- 도나 디켄슨. (2012). 인체쇼핑 (pp. 1-312). 서울: 소담출판사.
- 라정찬. (2017). 고맙다 줄기세포 (pp. 1-344). 끌리는책.
- 랄프 뵌트. (2011). 전기로 세상을 밝힌 남자, 마이클패러데이 (pp. 1-392). 21세기북스.
- 레이첼 카슨. (2011). 침묵의 봄 (pp. 1-400). 서울: 에코리브르.
- 로버트 P 크리스. (2006). 세상에서 가장 아름다운 실험 열 가지. 경기도: 지호.
- 로버트 앨런 외. (2011). 바이오미메틱스 (pp. 1-192). 서울: 시그마북스.
- 롭던. (2018). 바나나 제국의 몰락 (pp. 1-400). 서울: 반니.
- 류대곤 외. (2016). 국어교과서로 토론하기 1 (pp. 1-328). C&A에듀.
- 박주희. (2016). 국어교과서로 토론하기 2 (pp. 1-288). C&A에듀.
- 마이클 샌델. (2014). 정의란 무엇인가 (pp.1-443). 와이즈베리.
- 메트 리들리. (2016). 생명 설계도, 게놈 (pp. 1-440). 서울: 반니.
- 명혜정. (2013). 토론의 숲에서 나를 만나다 (pp.1-308). 살림터.
- 바츨라프 스밀. (2011). 에너지란 무엇인가 (pp. 1-272). 삼천리.
- 박건영. (2012). 발효식품의 건강기능성 증진효과. 식품산업과 영양, 17(1), pp. 1-8.
- 박경미. (2009). 수학비타민 플러스 (pp.1-367). 김영사.
- 박경미. (2013). 박경미의 수학콘서트 플러스 (pp.1-372). 동아시아.
- 박규상. (2016). 중고등학생을 위한 처음 쓰는 소논문 쓰기 (pp. 1-272). 경기: 샌들코어.
- 박재용 외. (2020). 100가지 예상 주제로 보는 중고등학교 과학토론 완전정복 (pp. 1-400). MID.
- 배영조. (2019). 자신만만 탐방부 세특 족보 - 선2권 (pp. 1-864). 예한.
- 백제헌, 유은혜, 이승민. (2019). 과제 연구 워크북 (pp. 1-260). 서울: 나무생각.
- 백제헌, 유은혜, 이승민. (2016). 진로선택과 학생부종합전형을 위한 고등학생 소논문 쓰기 워크북 (pp. 1-256). 서울: 나무생각.
- 법정스님. (2004). 무소유 (pp.1-142). 경기도: 범우사.
- 봉명고등학교 주제탐구프로젝트 누리집.
- 사이먼 싱. (2008). 우주의 기원 빅뱅 (pp.1-552). 영림카디널.
- 사토 겐타로. (2019). 세계사를 바꾼 12가지 신소재 (pp. 1-280). 북라이프.
- 샘 킨. (2011). 사라진 스푼 (pp. 1-500). 해나무.
- 서강선. (2016). 토크콘서트 과학 (pp. 1-240). 서울: 꿈결.
- 서대진, 장형유, 이상호. (2016). 소논문 작성법 (pp.1-320). 경기도: 북스타.
- 서울특별시교육청교육연구정보원. (2017). 수업-평가-기록 이렇게 바꿔볼까요(고등학교 통합사회).
- 헨리 데이비드 소로. (2011). 월든 (pp. 1-503). 서울: 은행나무.
- 손보미. (2011). 세상에서 가장 이기적인 봉사여행 (pp. 1-328). 서울: 쌤앤파커스.
- 수학동아 편집부. 수학동아(월간). 서울: 동아사이언스.
- 에르빈 슈뢰딩거. (2020). 생명이란 무엇인가 (pp. 1-234). 한울.
- 스티마. (2020). 2020 Stima 면접. 혜음출판사.
- 시사상식연구소(2020). 신문으로 공부하는 말랑말랑 시사상식. ㈜시대고시기획.
- 박문각 시사상식편집부. (2020). 2020 최신시사상식 200-205집. 서울: 박문각.
- 앤드류 H. 놀. (2007). 생명 최초의 30억 년 (pp. 1-391). 서울: 뿌리와이파리.
- 에리히프롬. (2020). 자유로부터 도피 (pp. 1-348). 서울: 휴머니스트.
- 엘리자베스 콜버트. (2014). 6번째 대멸종 (pp.1-344). 서울: 처음북스.
- 연세대 인문학연구원. (2014). 10대에게 권하는 인문학 (pp. 1-240). 서울: 글담출판.
- 오승종. (2019). 생각하는 십대를 위한 토론콘서트 법 (pp. 1-288). 서울: 꿈결.
- 오정근. (2016). 중력파 아인슈타인의 마지막 선물 (pp. 1-300). 동아시아사.
- 오중협. (2009). 항공우주의학의 이해와 한국의 항공우주의학 역사. 대한평형의학회지. 8(1). pp. 87-89.
- 와다 다케시 외. (2016). 함께 모여 기후 변화를 말하다 (pp. 1-240). 서울: 북센스.
- 유광수 외. (2013). 비판적 읽기와 소통의 글쓰기 (pp.1-242). 박이정 출판사.
- 유발 하라리. (2015). 사피엔스 (pp.1-636). 서울: 김영사.
- 육혜원, 이송은. (2018). 생각하는 십대를 위한 토론 콘서트 정치(pp. 1-260). 서울: 꿈결.
- 윤용아. (2014). 생각하는 십대를 위한 토론 콘서트 사회 (pp.1-288). 서울: 꿈결.
- 윤용아. (2015). 생각하는 십대를 위한 토론 콘서트 문화 (pp. 1-280). 서울: 꿈결.
- 이본 배스킨. (2003). 아름다운 생명의 그물 (pp. 1-352). 돌베개.
- 이상헌. (2018). 4차 산업혁명 시대의 의료계 현황 및 전망. 한국성인간호학회 춘계학술대회. pp. 8-33.
- 이소영. (2016). 생각하는 십대를 위한 토론콘서트 문학 (pp. 1-256). 서울: 꿈결.
- 이수빈, 차승한. (2014). 도덕교과서로 토론하기(pp. 1-320). C&A에듀.
- 이완배. (2016). 생각하는 십대를 위한 토론 콘서트 경제 (pp.1-260). 서울: 꿈결.
- 장 폴 사르트르. (1998). 문학이란 무엇인가 (pp. 1-444). 민음사.
- 정유희. 안계정. 김채화. (2020). 의학·생명계열 진로 로드맵 (pp. 1-256). 미디어숲.
- 제니퍼라이트. (2020). 세계사를 바꾼 전염병 13가지 (pp.1-384). 산처럼.
- 제리 브로턴. (2014). 욕망하는 지도 (pp. 1-692). 서울: 알에이치코리아.
- 제임스 러브록. (2008). 가이아의 복수 (pp. 1-263). 서울: 세종서적.
- 제임스 왓슨. (2019). 이중나선 (pp. 1-260). 경기도: 궁리출판.
- 조나단 월드먼. (2016). 녹 (pp.1-344). 서울: 반니
- 조명선. (2019). 재난 피해자의 삶의 질에 영향을 미치는 요인: 제3차 재난 피해자 패널 자료 분석. 지역사회간호학회지, 30(2). pp. 217-225.
- 조앤 베이커. (2010). 물리와 함께하는 50일 (pp.1-336). 서울: 북로드.
- 즐거운 수학, EBS Math.
- 최재붕. (2019). 스마트폰이 낳은 신인류 포노 사피엔스 (pp. 1-336). 서울: 쌤앤파커스.
- 칼 포퍼. (2006). 삶은 문제해결의 연속이다 (pp. 1-302). 부글북스.
- 클라이브 해밀턴. (2018). 인류세 (pp. 1-272). 서울: 이상북스
- 태지원. (2020). 토론하는 십대를 위한 경제+문학 융합 콘서트 (pp. 1-235). 서울: 꿈결.
- 페니 르 쿠터 제이 버레슨. (2007). 역사를 바꾼 17가지 화학 이야기 - 전 2권. 서울: 사이언스북스
- 폴 스트레턴. (2003). 멘델레예프의 꿈 (pp. 1-372). 몸과마음
- 피터 앳킨스. (2014). 원소의 왕국 (pp. 1-270). 서울: 사이언스북스.
- 한스 요나스. (1994). 책임의 원칙 (pp.1-378). 서광사.
- 한승배, 김강석, 허희. (2020). 학과바이블 (pp. 1-624). 캠퍼스멘토.
- 헤르만 헤세. (2006). 헤르만 헤세의 독서의 기술 (pp. 1-284). 뜨인돌.
- 후쿠오카 신이치. (2020). 생물과 무생물 사이 (pp. 1-251). 은행나무.

※ 참고사이트

- e-대학저널 http://www.dhnews.co.kr/
- LG 사이언스랜드 http://lg-sl.net/home.mvc
- LG사이언스랜드 http://lg-sl.net/home.mvc
- LG사이언스랜드 lg-sl.net/home.mvc
- NCIC 국가교육과정 정보센터 http://ncic.kice.re.kr/
- SCIENCE ON scienceon.kisti.re.kr
- The ScienceTimes https://www.sciencetimes.co.k
- YTN 사이언스 https://science.ytn.co.kr/
- 경기도 융합과학 교육원 https://www.gise.kr/index.jsp
- 경기도융합과학교육원 https://www.gise.kr
- 과학기술정보통신부블로그 https://blog.naver.com/with_msip
- 과학동아 dongascience.donga.com
- 과학문화포털 사이언스 올 https://www.scienceall.com/
- 과학창의재단 STEAM 교육 https://steam.kofac.re.kr/
- 교수신문 http://www.kyosu.net
- 교육부공식블로그 https://if-blog.tistory.com/
- 국가에너지국 www.nea.gov.cn
- 국가직무능력표준(NCS) https://www.ncs.go.kr
- 국립국어원 https://www.korean.go.kr
- 국립산림과학원 https://nifos.forest.go.kr
- 국립중앙과학관 https://www.science.go.kr/mps
- 내일 교육 재수 없다 https://nojaesu.com/
- 네이버 백과사전 https://terms.naver.com/
- 더 사이언스타임지 www.sciencetimes.co.kr
- 동북아역사재단 https://www.nahf.or.kr
- 동아사이언스 http://dongascience.donga.com/
- 두산백과 https://www.doopedia.co.kr/
- 문화재청 https://www.cha.go.kr
- 사이언스 타임즈 : https://www.sciencetimes.co.kr/
- 수학동아 http://www.polymath.co.kr/
- 에듀넷 www.edunet.net
- 위키백과 https://ko.wikipedia.org/
- 청소년 과학 탐수 소논문(밴드). 리더 바람난 과학자 https://band.us/
- 청소년과학탐구소논문 https://band.us/band/58305057
- 최강 자격증 기출문제 전자문제집 CBT http://www.comcbt.com
- 탐구스쿨 https://www.tamguschool.co.kr
- 통계지리정보서비스 https://sgis.kostat.go.kr/view/community/intro
- 통계청 http://kostat.go.kr/
- 통계청 전국 학생활용대회 http://www.xn--989a71jnrsfnkgufki.kr/report/main.do
- 한국과학교육학회 http://www.koreascience.org
- 한국과학창의재단 사이언스올 www.scienceall.com
- 한국교육학술정보원 http://www.keris.or.kr
- 한국생명공학연구원 https://www.kribb.re.kr/
- 한화사이언스챌린지 https://www.sciencechallenge.or.kr/main.hsc
- 해피학술 http://www.happyhaksul.com
- 환경공간정보서비스 https://egis.me.go.kr/main.do

교과세특 탐구주제 바이블 예체능계열편

1판 1쇄 찍음	2021년 6월 23일
1판 6쇄 펴냄	2024년 6월 20일

출판	(주)캠퍼스멘토
제작	(주)모야컴퍼니
저자	한승배, 강서희, 근장현, 김강석, 김미영, 김수영, 김준희, 김호범, 노동기, 배수연, 신경섭, 안병무, 위정의, 유현종, 이남설, 이남순, 최미경, 하희

총괄기획	박선경
책임편집	(주)엔투디
연구기획	김예솔, 민하늘, 최미화, 양채림
디자인	박선경, (주)엔투디
경영지원	지재우, 윤영재, 임철규, 최영혜, 이석기
커머스	이동준, 신숙진, 김지수, 조용근,
발행인	안광배, 김동욱

주소	서울시 서초구 강남대로 557(잠원동, 성한빌딩) 9F
출판등록	제 2012-000207
구입문의	(02) 333-5966
팩스	(02) 3785-0901
홈페이지	www.campusmentor.co.kr (교구몰) smartstore. naver.com/moya_mall (모야몰)

ISBN 978-89-97826-72-8 (54080)

ⓒ 한승배 외 17인 2021